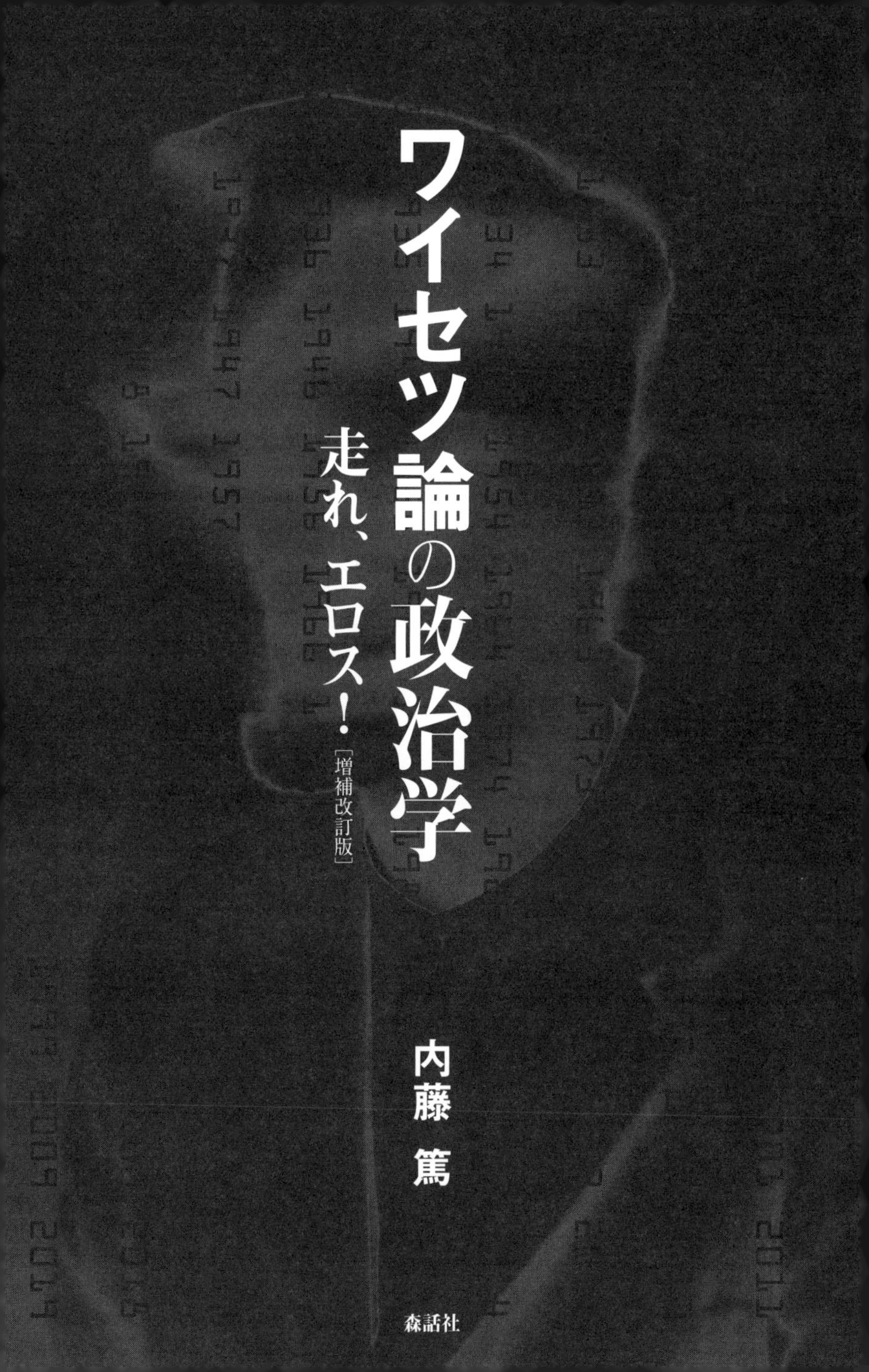

ワイセツ論の政治学

走れ、エロス！

［増補改訂版］

内藤篤

森話社

目次

［凡例］

・映画作品、書籍、雑誌は『　』、論文、小説などは「　」で示した。

・引用文中の［　］は引用者による註記である。

・引用文の略は［……］で示した。

・「猥褻」という語について、一九九五年の刑法改正で、刑法条文の現代語化がなされ、「猥褻」の語は、「わいせつ」とひらがな表記に改められたが、本書では、可能な限り「猥褻」の表記で統一した。

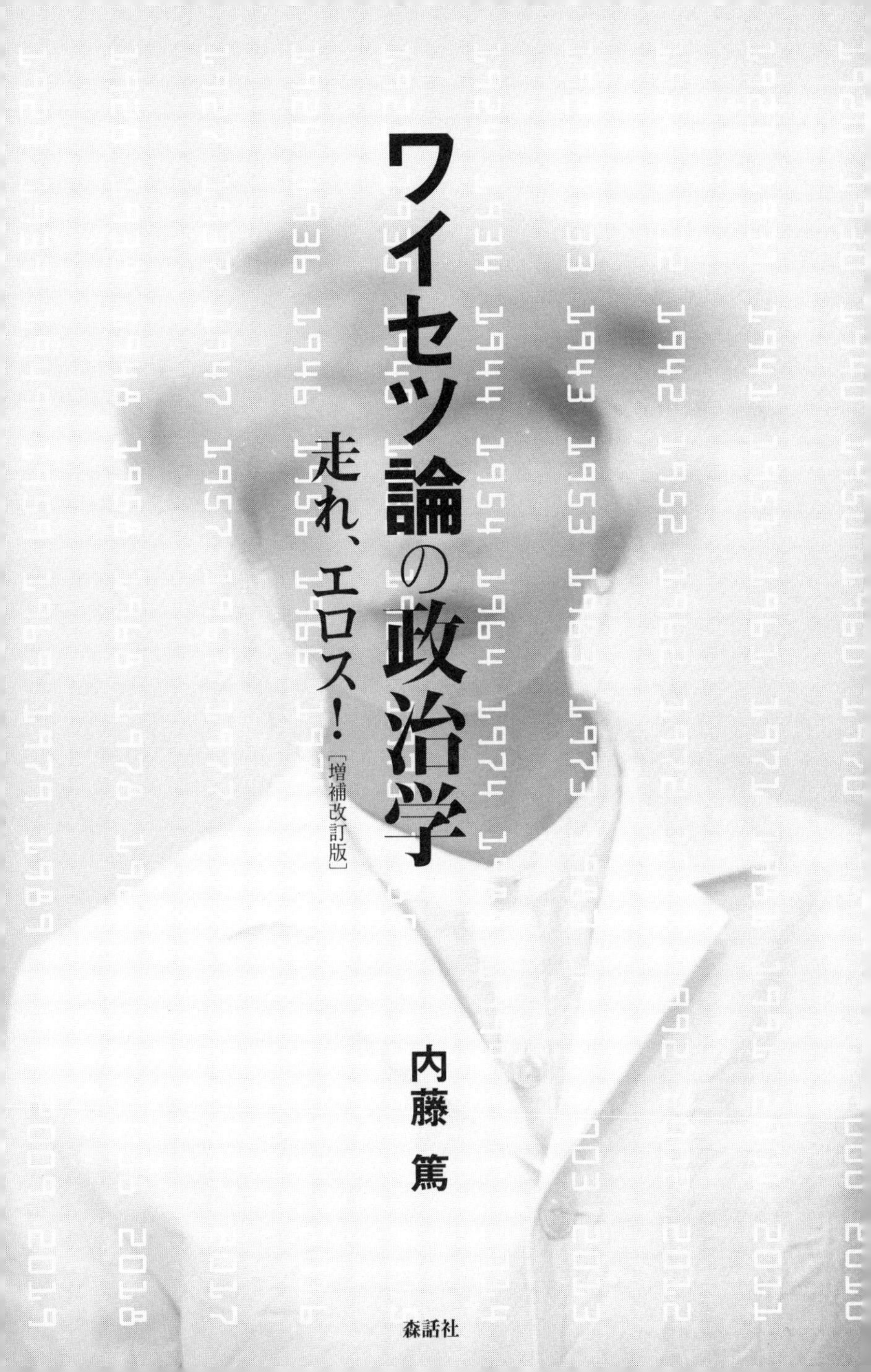

ワイセツ論の政治学

走れ、エロス！

〔増補改訂版〕

内藤 篤

森話社

1920	1930	1940	1950	1960	1970	1980	1990	2000	2010
1921	1931	1941	1951	1961	1971	1981	1991	2001	2011
1922	1932	1942	1952	1962	1972	1982	1992	2002	2012
1923	1933	1943	1953	1963	1973	1983	1993	2003	2013
1924	1934	1944	1954	1964	1974	1984	1994	2004	2014
1925	1935	1945	1955	1965	1975	1985	1995	2005	2015
1926	1936	1946	1956	1966	1976	1986	1996	2006	2016
1927	1937	1947	1957	1967	1977	1987	1997	2007	2017
1928	1938	1948	1958	1968	1978	1988	1998	2008	2018
1929	1939	1949	1959	1969	1979	1989	1999	2009	2019

プロローグ［1994 / 2017］

天翔ける久米仙人の眼に一瞬映じた洗濯女の雪のように白い脛《はぎ》は、たちまちにして仙人の神通力を失わせ、彼を墜落へといざなった。[▽1]なるほどこの古譚には、男子たるものが胆に銘ずべき一片の教訓ともいうべきものが含まれてはいようが、ひるがえってこの話は、みずから志願しての飛行失墜者に対しても、川辺で洗濯する女の白い脛の映像を見てはならないとする、禁止の根拠たりうる挿話であろうか。「脛」というのもいささかクラシックにすぎるから話を現代に置きかえて「太腿」とでも読みかえてみようではないか。国家が管理という視点から「女の白い太腿」を見るとき、これを称して「猥褻物」ないし「公序良俗に反するもの」という。国家は次のように主張する。「〝女の白い太腿〟は社会秩序を乱す。なぜなら、これは徒らに性欲を刺激するし、良識ある人々にショックを与えるからだ」。もちろん志願兵たる飛行失墜者はこう反論する。「我々は見たいから見る以上、ショックなど受けはしないし、受けたとしてもそのリスクは引き受けずみだ。徒らに性欲を刺激されようとされまいと、そんなことは私個人のプライベートな問題で、貴方に何の関係もないことだ」。

国家にとっての真の関心は、実はこのように自分を律することのできる確信犯たる志願兵ではない。「ついフラフラ」と「女の白い太腿」を見て、その結果近所の

▽1　出典としては、『今昔物語集』や『徒然草』などにもあるという。

女子小学生に悪さなどをする輩《やから》に対して懸念があるわけだ。そこで国家は次のように再反論することになる。「国家たる我々は安全な社会を維持する責任があり、〝女の白い太腿〟を見て悪さをする奴がいる以上、これを見せるわけにはゆかない」と。あるいはこうも言う。「国家たる我々は、たとえ〝女の白い太腿〟を見て悪さをする奴がいなくても、そうしたものを公然化させない社会秩序を維持する責任があるのだ」と。

だが考えねばならないのは、「女の白い太腿」を、たとえば大スクリーンで見てしまうことと近所の女子小学生に悪さをしてしまうこととの間には、実は空想上の因果関係以上のものは存在しないらしいということだ。ポルノが解禁された国のほうが性犯罪が起こりにくいとの統計的調査は多数存在するのである。『十戒』（一九五六年、セシル・B・デミル監督）を観て、ムラムラと女を襲いたくなって性犯罪に走ったという被告人の供述が残されているやに聞くが、[▽2]ことほど左様に、猥褻物として分類される表現物（映画、小説、写真、絵画、マンガ、そして近時はゲームソフト）と性犯罪というものとの結びつきは、立証されていないものといってよい。見たいとする側の一般的な幸福追求権ないしプライバシーの権利（憲法一三条）、そして見せたいとする側の表現の自由（憲法二一条）をかくも全的に禁圧する制度が、はっきりと

▽2　あるいは、同じ監督による一九二三年のサイレント版か？　まさか。

立証されていない憶測に基づいて定立されてしまってよいものなのかどうか。さらに、仮に若干の因果関係の認められる実例があったとしても、それが一般的な禁止の根拠となりうるのであろうか。

また、「性行為非公然性の原則」といった循環論理（それは、性表現を公然化させないことの根拠を「性行為非公然性の原則」に求めるという意味で、トートロジーである）を根拠に「性的秩序の維持」をもちだされたところで、こうした屁理屈にもならない理屈に対しては、もはやまともに反論する言葉もないと言うべきだろう。[▽3]

そして猥褻立法のもう一つの問題点は、「猥褻とは何か」という定義の困難性にある。これは一応は「社会通念」なるものとの乖離をもとに計測されることになっているので、「社会通念」が変われば「猥褻」も変わるとは言われている。しかし「社会通念」なるものはあまりに曖昧なので、これに客観性をもたせるべく、国家はここに別のパラメータを導入しようとする。しかし活字メディアにおいては、これは全くの失敗に終わっているとしか言いようがない。たとえば、サド侯爵による乾いた性交描写を、スポーツ新聞などの連載小説の粘着性ある描写のそばに置いてみるとき、[▽4]一体前者のどこが「徒らに性欲を刺激」する「猥褻物」として取り締まりの対象になり、後者はそうでないのか、全然理解できないのだ。ありていに言っ

▽3　ＬＧＢＴに関する「性的秩序」については、今日、かなり寛容になった感はあるが、猥褻に関する限りは、この二〇年でさしたる変化はないように思える。

▽4　スポーツ新聞の「名誉」のために付言すれば、渡辺淳一『失楽園』（一九九七年）は、「粘着性ある性描写」を『日本経済新聞』の朝刊で展開し、話題となった。

て、活字メディアが猥褻犯罪の標的とされると、ある種の思想弾圧のかたちをとるように思える。全部がそうだとは言わないが、標的とされた表現者が最も不満を抱くのは、その基準が不明確であるが故に、「なぜオレの作品だけが」というポイントである。運用が恣意的に流れ、この場合「思想」、より端的に言えば反体制的思想ないし姿勢が裁かれているのではないかという懸念を表現者が抱くのは当然である。

これに対し、映像＝写真メディアにおける運用上のパラメータとは、少なくとも一九九〇年ころまでは「ヘア」なるものであったらしいのだ。むろん「ヘア」なる基準が法律のどこかに書いてあるわけではいささかもない。税関の審査内規のようなものの中に書かれているのかもしれないが、それは「法」として国民を拘束する根拠をもつものではない。ただ、一言だけ「ヘア」基準のために弁明をするとすれば、少なくともこの基準は明確なので、活字メディアにおけるような政治的魔女裁判を頻発させることはなかった。しかし「ヘア」と「徒らな性欲の刺激」との間には、およそ何らかの本質的な関係があるのだろうか。とりあえずは「徒らに性欲を刺激」するものは規制すべきだとの国家の理屈を受け入れたとしても、どうして「ヘア」を見せることが「徒らな性欲の刺激」に直結するというのか。

ここで一九八〇年代にはやった「ビニ本」を引き合いに出そう。▽5「ヘア」が直接でなければ、紙のように薄い布地ごしに透けて見えても構わないとするあの超形式主義。その一方で、たとえばアメリカン・フットボール物の映画であれば、試合後のシャワー室に集う一群の男たちの裸体映像がルーティンとして頻出するが、ここで一瞬画面に現れる「ヘア」を律義に追いかけていた、あの雲状のボカシ。▽6 ここにはいったん基準を決めてしまうと、その根拠すらあやふやなのに、ともかくもその基準を死守するという醜い官僚主義が露呈している。もちろんここには、国家＝お役所の意思を必要以上に増幅して、国家の要求を超えた過剰適応を行ってしまうという、あの「自粛」や自主規制の問題があることも事実だ。しかし輸入映画の場合、税関によっていわば首根っこを押さえられているわけだから、ともかくも現場の下級官僚の指図に従わないとフィルムそのものを請けだせないという弱みを握られているのだ。税関による輸入禁止の処分を行政訴訟で争う方法もあるにはあるが、テストケースと割り切ってそれをやることはともかく、現に小屋のブッキングも終わっている輸入映画を、五年一〇年の裁判闘争のために凍結してしまうわけにもゆくまい。

後に見てゆくように「ヘア」の基準はひとまずは「性器」の基準へと移行したか

▽5　若い世代のために簡単に解説すれば、「ビニ本」とは、映画館で販売されるパンフレットほどの冊子に、女性のヌード写真を満載させたもので、中身が見えぬように、ビニール封入されて売られていたものである。自動販売機によって売られたりもした。「ビニ本」のヌード写真では、一応パンツをはいてはいるが、そのスケスケの布地ごしにハッキリと「ヘア」が透けて見えるというものが多用されていた。

▽6　「あの」と言われても今となっては伝わらないだろうが、モザイク処理などというデジタル技術のない古《いにしえ》の昔には、人はフィルムの表面にキズをつけて、「ヘア」を消去していて、それが「雲状のボカシ」としてスクリーン上に現れるのだ。

に見え、その意味では「進展」があったかにも思える。しかし肝心の問題は依然として解明されてはいないのだ。

経済という観点からも考えるべきだろう。猥褻立法の保護しようとする利益とは、一応国家の主張するところを鵜呑みにすれば、性犯罪などから安全な社会の維持といったものだ。この種の立法によって損なわれる利益としては、先にあげた表現の自由などの他に、税関検査という社会的なコストの問題がある。さらに映倫やアダルトビデオ（ＡＶ）の自主規制団体などの民間団体の運営コストも見落とせない。なるほど性的に安全な社会なるものは守るに値するものであるかもしれないが、同じ目的を達成できる他の手段が安価に存在するならば、それを選択しないことは全体としての社会経済上のマイナスである。もちろん税関にせよ映倫にせよ、彼らを猥褻性判断から解放してやることで直ちに不要の存在になるものでもなかろう。税関なら、たとえば麻薬の摘発といった仕事は残り、映倫は映倫でレーティングといった仕事が残る。しかしこれによってコストは確実に減る筈だ。見たい人間には見せてやればいいじゃないか。「ヘア」や性器を見て性犯罪に走る人間がいるとすれば、結局何を見たところで性犯罪に走るのである。『十戒』の例を想起しようではないか。

その一方で、国家の主張するような「性的に安全な社会」の護持という仕事は、もしもこれが本当に保護すべき価値のあるものだとすれば、ひとつのいちおうは有効というべき方法とは、「ついフラフラ」走ってしまう人間を客観的にカテゴライズすることだろう。▽7 つまり、「青少年は未だ自らの判断力に不足するところがある」云々という理屈による年齢規制である。たとえば映画であれば、興行館がその責任において入場者の年齢をチェックするシステムは、興行館の判断の合理性にある程度の幅を持たせることさえできれば、さほどの負担にはならない筈だ。

あるいは、ゾーニングもありうるアプローチである。そもそもが猥褻性なるものは地域社会における判断基準だとする考え方も有力なのだから、たとえば新宿歌舞伎町でなら、性器モロ出し映画を成人に見せても構わないが、石垣島では不可とすることだって不合理ではないはずだ。それを日本国というくくりの中で統一的に判定することがおかしいといえばおかしい。よって映倫の役割は、映画の内容のレーティングをして、それを告知することに徹することとなろう。言うまでもなく、国家が口出しをする一つの口実は、「良識ある市民がショックを受けるかもしれない」といった戯言なのだから、これを予め封じておくことが何より大切である。映画がヘアを映し出していること、あるいは性器を映し出していることをはっきりと

▽7 表現の自由の規制として、こうした一律のカテゴライズが本当に有効なのかという疑問は、むろん残るわけだが。

表示しようではないか。そのことが事前に表示されている以上、「ショックを受けるかもしれない」などといった話はナンセンスと化する。

かくて現代の久米仙人たちは、国家の要請により、失墜を夢見つつ常に飛翔を強いられているわけだが、やはりいい加減こういった不毛な強制は止めにすべきだろう。むろん国家のいう「善良な社会風俗」といったものの陰には、単に治安のよい社会というものを超えて、明治維新以来の富国強兵的な社会・経済状態をよしとする世界観があるには違いないが、生産性の高い社会というものの行き着く果てが現代だ。「ヘア」や「性器」を見ることで生産性が落ちると考えるのは、最も公平にいっても、愚かしいとしか言いようがない。▽8

だが、だからといって事はそう容易ではない。鼻でせせら笑ってやっても、猥褻を取り締まろうという国家権力は屁ほどにも痛痒を感じはしまい。そして、猥褻を取り締まろうというのは単に国家の意思である以上に、ときとして取り締まられる側の意思でもあるというのが、この領域の議論を複雑にさせる。官僚との間の不毛な論争、そして裁判所でのルーティンなやりとり、あるいは「外圧」頼みによってすらも、猥褻の取り締まりの是非やその程度について、完全な答えは用意されないであろう。それでも人は猥褻に向けて、あるいは猥褻規制へのチャレンジに向けて

▽8　いわゆる草食系男子が蔓延し、セックスレスカップルが多くを占めるとされる現代は、しかし、これとは全く異なる「対処」が必要とされているのかもしれない。

旅立つのである。なぜそうするのかと問われれば「俺たちの血が許さない」からだとでも答えておこう。そうした、ある意味での虚しい旅の記録が、以下に読まれるいくつかの章に記載されるのであるが、虚しさを超えてのある決意とでも言うべきものをくみ取ってもらえるならば、筆者にとってこれ以上の僥倖はない。

と、ここまで書いたのが、一九九四年だった。そこから二〇年強の歳月が過ぎた。

気がつけば、「走れ、エロス」とは歌のタイトルやエロマンガのタイトルになってしまっているようだ。▽9 これでは、まるで今浦島ではないか。今では誰も、筆者が一九九四年に出版した『走れ、エロス！』などという書物について、記憶にとどめるものはいない。もっとも、いまや、二〇年前にはなかったネット検索という便利な道具があるため、拙著も検索順位の下の方に、ネット古書店での販売アイテムとして顔をのぞかせはしている。自宅が引っ越し準備中で、▽10 すべての書籍を段ボール箱づめ状態にしてしまった筆者は、この『走れ、エロス！』のアップデート版を用意する上で、そこでかつてどんな内容の議論を展開していたかを確認するため、ネットの古書店からわざわざ自著を購入せざるを得ないのだ。本体価格は一〇九円で、

▽9 楽曲としては、ＢＩＧＭＡＭＡによる『走れエロス』、エロマンガとしては、かとだひろし著『走れ！エロス』。

▽10 本書刊行の時点においては、無事に元の居宅へ舞い戻り候。

送料がその倍以上かかる『走れ、エロス！』旧版を、そのようにして筆者は入手する。何であれ、コンテンツの価格が劇的に安くなってしまったのも、この二〇年の傾向である。それについては、まさに本書において触れることとなろう。一〇九円でも、まだ値段がついているだけマシなのかもしれない。そして、自身の若書きに目を通したわけだが、ある意味、あきれた。エロスと論理あるいは倫理の問題は、この二〇年、何も変わっていない。より混迷の度を増していると言っていいかもしれない。そのことを証明するために、Ⅶ章以下は書き下ろされた。

二十数年前と変わったこと、変わらなかったことは色々とある。先に記したコンテンツの値段の低下など、大きく変わった点で、それは明らかにインターネットを舞台にした言うところのフリーミアム的なものに関わっている。▽11 それがエロの世界に飛び火したときに何が起こったのかを解き明かすのが、Ⅶ章の主要なテーマだ。そして、変わらなかったことの典型が、エロをとりまく権力の構造である。それを扱うのが最終章である。それに挟まれたⅧ章は、少し目先を変えて、やはり権力の問題ではありつつも、エロを含んだアートと権力の付き合い方について触れている。改めて思うが、エロはこじれている。こじらせているのは、むろん権力である。そんなことにリソースを注ぐ余裕は、もうこの国の権力機構にはないと思うのだが、

▽11　フリーミアムという言葉は、スマホのアプリゲームのように、ゲームをすること自体は無料でも、それをうんと楽しく遊ぶためには、有料のサービスを受けることが肝要であるようなものについての謂いであるようだ。しかし、ここで使う「フリーミアム」との言葉は、より端的に無償のサービスを指すものとして使用している。

相変わらずそうなのだ。愚かしいことだとつくづく思うわけではあるが。

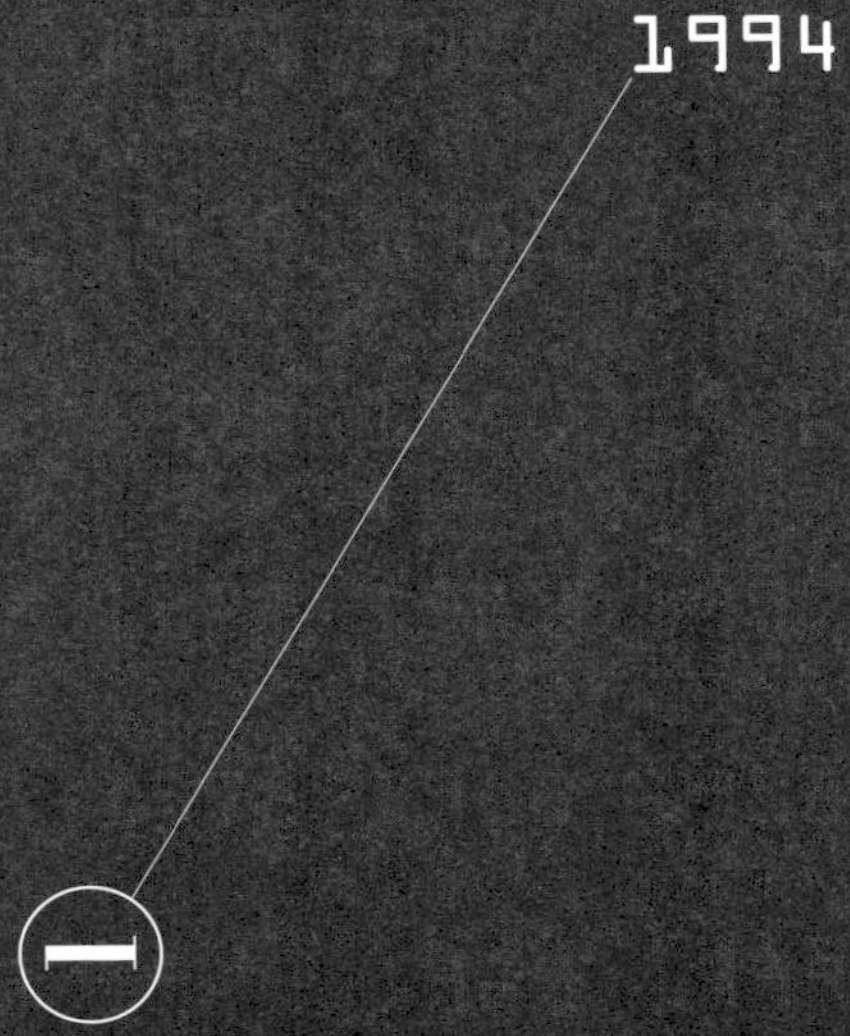
1994

I

発情するメディア——テクノロジーが駆動する欲望

1　エロがメディアを先導する

エロがメディアを先導する。考えてもみるがいい。何か新しいメディアが世界に認知を求めるとき、性的好奇心がその手助けをすることは珍しいことではない。性的なるものが人間のコミュニケーションの一つの基本である以上、コミュニケーションの媒介物としてのメディアがエロスに接近することは、一つの必然だ。

たとえば映画。発明王エジソンの手になるこの新奇な玩物は、その最も初期の興行形態においては覗き箱であった。▽1 こうした覗き箱をいくつも並べたいわゆるニッケルオデオン・シアターが、二〇世紀を迎えようとするマンハッタン一四丁目に軒を連ねて、あまり高級とはいえない顧客層をターゲットに営業を開始したとき、ここに今日の映画館の礎が築かれたわけだが、ここでの覗き箱の中の煽情的な裸女のダンス映像は、映画というメディアを人々に強烈に認識せしめるのに大いに役立ったのである。

たとえばホームビデオ。初期のホームビデオ録画再生機は、その値段の高さもさることながら、そこにかけるソフトウェアがないことが災いして、なかなか普及率が伸びなかった。ここにおいて「動くエロ本」としてのアダルトビデオ（ＡＶ）の

▽1　ニール・ギャブラー『ユダヤの帝国（上）』（一九九〇年、竹書房）二〇頁。

▽2　たとえば『月刊ビデオインサイダー・ジャパン』一九九四年

登場は、この種のソフトのジャンルを自ら開拓しつつ、ハードの普及に大きく貢献したことは疑いない。▽2 話は横道にそれるが、AVやビニ本の「社会的認知」は、一九八〇年代以降急速に明らかになってきた「独身者の器械＝マスターベーション・マシーン」の大衆化の動きを反映していて、これはこれで興味深いものがある。つまり、ブルーフィルムの上映会とか場末のストリップショーというイメージのつきまとっていた非流通商品としての性商品が、AVアイドルに象徴されるような、高度の流通力のある「明るく正しい独身者の器械」へと変貌していったのである。性のメディア化と言いかえてもいいだろう。メディアは原則として開かれていなくてはならず、AVなどは典型的なその一つの表れである。むろんその過程では、ブルーフィルムなどの持っていた過激さは影をひそめ、より最大公約数に受け入れられやすいものに、その表現の質を変えていくことになる。

「エロがメディアを先導する」のさらなる例としては、ダイヤルQ²もあげられる。▽3 単に通話者の音声をもう一人の通話者に伝えるだけの機器だった電話が、オープンな情報の流れるシステムへと変貌を遂げて行く過程において、「エロ」の果たした役割は正当に評価されねばならないだろう。ツーショットダイヤルだとか、セックス情報の有料サービスだとかが世の「良識」の非難を浴びて、オモテの世界からは

一月号から連載されていた「検証・アダルトビデオの結果と展望」（東ノボル）では、「アダルトビデオはビデオデッキを一般家庭に普及させる原動力だった」との認識から出発して、アダルトビデオ界の初期の一二年の歴史を総括している。

▽3 二〇一七年の今日においては、ダイヤルQ²なるサービスについては、註釈を必要とするものであろう。これは、利用料金を電話料金と一緒に徴収されるところの電話での有料情報サービスで、後の携帯電話のiModeなどの先駆け的なものであったが、男女間の卑猥な会話や音声を聞かせたり、ツーショットダイヤル（サービス利用者間で気に入った同士の男女は二人だけで会話することができる仕組み）などのサービス業者が急増し、援助交際目的の利用が増えるなどとして、社会的な批判を浴びた。

敗退していったことは当時の人々の記憶にも残っていることだろうが、こうした「斬り込み隊」がなければ果たしてダイヤルQ^2は一時代を築き得たのか疑問なしとしない。性的好奇心を媒介にする情報の授受というものこそが最も端的に人間の行動意欲を駆り立てるのだとすれば、これを単純に非難しても始まらないだろう。

ただここで一点指摘したいのは、ダイヤルQ^2で興味深いのは、これに対する非難が「猥褻なプログラムだから禁止せよ」というのとは微妙に異なっていたことである。そうではなくて、まず非難があがったのは未成年者によるダイヤルQ^2サービスの利用が高額の通話料を親に負担させることから始まって、要はアクセスを何とか制限せよ、ということだった。もちろん情報内容に対する批判もあるにはあったが、それは国家権力がこれを規制せよということではなく、ＮＴＴが情報内容を審査した上でダイヤルQ^2サービスに載せるか否かを決めろ、という批判もあった。ＮＴＴによる規制というのはメディアによるいわゆる自主規制の問題であり、これはこれで非常に興味深いものがあるが、これは後の章にゆずりたい。ともかくも、ダイヤルQ^2のセックス関連情報のサービスによって、このメディアは社会的な認知を受けたといっても過言ではあるまい。▽4

まあ、「エロがメディアを先導する」と見得を切ればそれなりにサマにはなるが、

▽4　たとえば、吉見俊哉・若林幹夫・水越伸『メディアとしての電話』（一九九二年、弘文堂）一七六頁では、ダイヤルQ^2の情報提供者として大量の風俗産業が参入したり、「パーティーライン」などのサービスにおいて、多量の「ダイヤルQ^2中毒」が続出したこと、情報料が膨大な額に達して払えなくなる者が次々に現れたことなどが社会問題化したことが触れられている。

つづめて言えば人間の好奇心の一番イージーな部分につけ込んだまでとも言えるし、そういってしまえばそれまでである。だが、この「エロス」の問題をめぐっては常に、これを抑制しようという勢力とそれを発揚しようとする勢力の拮抗がある。前者は素朴な信念に基づくものもあれば、政治的ないし宗教的な動機に基づくものもある。発揚側にしても、こうした状況は似たようなものだが、歴史的にみて、おおむね時の権力は抑制側にたってきた。一つの理由は、いかなる統治機構をとろうともそこに一定の秩序が必要である以上、猥褻の禁止という規範がこうした秩序と整合的であったからだろう。しかしもう一つの理由として、性に関する発揚側の態度がしばしば自由な思想や思潮と結びつく傾向にあるということが指摘できよう。▽5 こうした権力との相克を前提とするとき、「エロス」に対しては、少しく寛容にすぎる程度の接し方が全体としてのバランスを導くことにはなりはしまいか。ことにそれが新しいメディアに関わるものである場合には、そのメディアの立ち上がりを過度に妨害しないためにも、「エロス」とメディアの結合を穏やかに見ていく必要があるのではないか。本章はこうした問題意識から発して語りつがれるものだ。

　ところで「エロがメディアを先導する」という命題を掲げて、いくつかの歴史的事例を概観したが、そこにはいくつかの特徴がある。一つは、この命題がすべての

▽5　でなければ、「『愛のコリーダ』〔写真集に〕は〔……〕マスターベーションのために役に立つ写真にするという概念が〔……〕はいっていない」（『愛のコリーダ』事件における弁護側証人平田樹彦氏の証言。内田剛弘編『わいせつの終焉』〔一九八四年、美神館〕一八二頁）とされるようなものの出版に関して、なぜ「反体制の人」たる大島渚が起訴されたりするだろうか。

メディアに均しくあてはまるものではないということだ。たとえば放送といったような、完全にオープンなメディアに対しては、これはあてはまりにくい。▽6 この命題が強くあてはまるのは、個人的＝密室的なメディアである。つまりメディアという名の、情報の発信者がその受信者との間で行う情報の授受環境において、受信者の側がこの情報を個人的に受け取っているという幻想を感じさせてくれるようなメディアにおいては、「エロがメディアを先導する」との命題はよりよく成立するのだ。▽7

第二に、メディアなるものはそもそもは一対一の手紙のようなものに端を発して、それがパブリックなものへと発展してきたわけだが、今やそれが「パブリックであると同時にプライベートなもの」に再び変貌しようとしていることである。テレビ電波などはこうしたパブリックなものの典型だろうが、これすら有料テレビ＝スクランブル電波というものが導入されており、現代のメディアはこうした傾向を強めている。この傾向の典型が電話によるメディアである。▽8 こうしたプライベートな部分にメディアが踏み込んでゆくときに、猥褻規制なるものはどうあるべきなのか。これが本章の中心論点である。

さて規制の問題がでたが、猥褻規制をめぐっては大きく分けて二つの規制手法がありうる。一つは伝統的な警察規制ないし国家権力による直接規制であり、もう一

▽6 同じ放送でも、CS放送などでエロな映画を観るといったメディアについては、十分に当てはまりうる命題である。

▽7 前掲『メディアとしての電話』一四二頁以下では、「個室のネットワーク」という枠組で、電話メディアの特徴を概観している。

▽8 同右一五七頁では、「電話的ないし電子的な〝単身者〟とでも呼ぶべき存在」が電話ネットワークにより生み出されている旨の指摘が行われている。

つは民間団体等による自主規制である。こうした区別が重要性を有するのは、前者であれば憲法上の要請である「表現の自由」の保護のための制約が規制手段に対して直接に及ぶのに対して、後者であれば私企業ないし私的団体の行うこととして、憲法上の制約が原則として直接には及ばない。憲法は国家機関に対する遵守規範ではあっても、私人に対する直接の遵守規範ではないからだ。▽9 本章との関連で簡単にいえば、自主規制であれば、警察権力では取り締まれないようなものまで規制を及ぼすことができるのだ。たとえば、ヘアや性器が見えていなくても、私的団体である映倫は理論的には、女性の裸体の胸部をスクリーンにさらすことを「映倫不許可」とすることができる。▽10 しかし同じことを警察規制として行うことは今日まで不可能である。

先にも述べたように、ここでは自主規制の問題はひとまず棚上げとして、警察規制の問題を中心に扱う。何といっても猥褻規制の問題が最も赤裸々に出るのはこの領域だからだ。また自主規制の点で一つだけ問題の所在の指摘をしておくとすれば、先のダイヤルQ^2の例でＮＴＴによる番組内容の審査が話題となったことを書いたが、果たしてＮＴＴを純粋の民間企業として扱って、こういった審査を一〇〇％何の問題もないものと考えうるかどうかについては、やや疑問なしとしない。ＮＴＴは一

▽9　憲法学における通説。たとえば宮沢俊義『憲法2（新版）』（一九七四年、有斐閣）一五〇頁。

▽10　あくまで、「理論的には」の話である。ただ、似たような民間における自主規制の話としては、いまだに映画のチラシにおいて、女性の乳首を露出させることにはネガティブである。

九八五年までは国家の運営する電話事業を独占的に行ってきた事業体である。▽11 審査の運用のされ方次第では、憲法の禁止する検閲の問題を生ずるおそれなしとしない。また自主規制というものは、しばしば国家権力が直接規制を及ぼすことの憚られる対象に対して、その手足として使われることもある。この点からも、自主規制だからといって、それが憲法的な制約から全く自由に猥褻規制を行いうるものではないと考えるべきだろう。

以下では、猥褻とは何かという、猥褻問題の中心的な論点はとりあえず問わないことにする。また、猥褻な表現は完全に野放しというわけにはゆかず、一応は何らかの規制がされるべきであるとの前提に立つものとする。そうでなければ、新しいメディアにおける猥褻を論じても意味はないからだ。こうした前提に立った上で、新しいメディアにおける猥褻を取り締まろうとすることがいかなる意味を持ち、従来的な思考の枠組みにいかなる変化を強いるのか。こうしたことをめぐって、少しものごとを考えてみたい。

▽11 この記述も一九九四年当時の反映である。ただし、法律によりＮＴＴ株は⅓以上を政府が保有すべきこととされているため、状況は今日と大きく異なることはない。

2 メディアは誘惑する

レコード業界やビデオゲーム業界では馴染みのある呼称の「パッケージ系メディア」という名称は、しかしおそらく大方の人々にとっては判りにくいものなのかもしれない。レコード[12]もビデオゲームも電波や回線を伝わって人々の手元に送り届けられるわけではなく、食品や衣服が商品であるのと同じように、そこいらの店頭で売られている商品にすぎない。しかしメディアの本質がメッセージ発信にあると考えれば、これらの「パッケージ系メディア」のメディアたる所以が判ろうというものである。だから、本章は、こうしたメディアの発するメッセージに猥褻的なものがある場合に関わるものである。

一九八〇年代中盤にレイプ・ビデオゲームなるものが国会で取り上げられて問題となったことがある。画面上を逃げる女性を男が追いかけ、追い付くと女性の衣服が一枚一枚脱げてゆき、全部脱げると画面が変わってレイプ・シーンになるのだという。おそらく国会で問題になったのは、こうしたゲームのあからさまな男根主義、これみよがしの女性蔑視、身も蓋もない下品さなのではあっただろう。その意味でこれは、猥褻規制の問題に直結するというよりも、下品さの規制の系譜に連なるも

▽12 今日、レコード業界や「レコード」という名称はあまり使われない言葉かもしれない。さりとて「CD業界」とも言わないのであるが。

のではある。[13]だが、最終画面がレイプ・シーンであるならば、これは猥褻規制の局面とも言いうる。しかしそうなると誰もが気づくように、こうしたビデオゲームは、たとえば春画やポルノビデオなどとはやや異なるということである。漫然とゲームをしていても、この最終画面には決して到達できないのだ。この種のゲームを少しでもプレイしたことのある者なら知っているように、場面が深化するにつれてゲームの難易度はさらに上がり、襲撃者としての画面上の男性は度重なる挫折と敗北を重ねつつ初期画面に戻らざるを得ない。こうした特徴が猥褻関連の犯罪の成立上どのような意味をもつのかについては、後に分析することとなるが、一つ指摘したいのは、猥褻規制の根拠の一つとしてあげられる、「見たくない人に対しても見えてしまう結果となって無用のショックを与える」という論拠[14]が、おそらくここでは成立しえないということである。ビデオゲームの最終画面には選ばれた者しかアクセスしえないのである。レイプ・ビデオゲームのプレイヤーは、当然のことながらそのゲームをプレイしながら最終画面がいかなる性質の画面かを暗示されているのであり、そこにたどりつくべく精力的に努力するのだ。彼は「見たくてたまらない」者であって、猥褻画面に満足こそすれ「ショックを受ける」などということはありえない。

▽13　猥褻性と区別されるところの下品さの規制としては、アメリカの連邦通信委員会（FCC）の規則における indecency regulations などが著名である。これはテレビやラジオの番組の中で猥褻の程度には至らない「下品」な表現についての規制の問題であり、放送メディアの浸透性や子供へのアクセスの容易性などに基づいて、合憲的な規制であると考えられている（FCC v. Pacifica Foundation, 438 U.S. 726〔1978〕）。

▽14　奥平康弘・環昌一・吉行淳之介『性表現の自由』（一九八六年、有斐閣）一六一頁。

▽15　むろんヘアの解禁などということは誰も公式に宣言したわけではないが、一九九一年に出版された篠山紀信＝樋口可南子の『Water Fruits』が嚆矢とされようか（ただし同写真集は警察から警

もう一つ、似たような例をあげよう。書籍メディアにおけるヘア解禁以降[▽15]、既に過去の産物となった感のあるものとして、切り抜き写真なるものがあった。「切り抜き写真」とは筆者の命名になるもので流通性のある言葉ではないが、要するにヘアや性器の写った写真をばらばらに切って、これを順不同に並べかえた状態で雑誌に掲載するのだ。したがって暇と根気のある読者は、これを切り抜いてジグソーパズルのような状態に戻し、たんねんに正しい画像に再生してゆくこととなる。まあこれなどは素朴さが味のようなもので、ジグソーよろしくばらばらの写真をもとに戻している孤独な独身者の姿などを想像すると、ほほえましいとも気持ち悪いとも思えるが、それでは次のような例はどうだろう。世上流通している「合法的な」ＡＶでは性器は隠されているが、これはその部分がコンピュータによる修正画面で隠されている場合が多い。つまり性器の画像にかぶさるように、コンピュータの編み出す市松模様が視界をさえぎるのである[▽16]。だが、こうした市松模様を取り去ることができるとすれば、これはどうなるのか。「合法的な」アダルトビデオは一瞬のうちにハードコアポルノに変身する。おそらくこれは、いま盛んに喧伝されているマルチメディア時代になれば[▽17]、デジタルのアダルトビデオに対してそうした動画像処理能力をもつコンピュータが苦もなく出現するはずで、これであれば、そう難しい

告処分を受けている）。もっとも税関検査に関しては、一九八〇年に大蔵省税関当局は税関審査の新基準を発表し、その中で、「影と紛らわしく、しかもごくわずかの量でことさら猥褻感を与えぬもの」についてはヘアを輸入解禁にするとしたが、現実にはヘアの輸入禁止措置はその後も続けられたという（武田昌悟「ワイセツ年代記」『威風堂々！　ワイセツ大行進』〔一九九三年、ＪＩＣＣ〕所収一二頁）。

▽16　一九九四年当時のＡＶの修正画像とは、このようなものであった。

▽17　二〇一七年の今となっては、口にするのも恥ずかしい死語としての「マルチメディア」。当時の筆者が、どのような思惑をこめて、この言葉を使用しているかについては、いまや不明だが、おそらくは、「明るいバラ色のコンピュータ時代」的なものであったろうか。

ことではないのだ。むろん今日誰もがそうした高度なコンピュータを所有しているわけではない。しかしそうした時代は確実にすぐそばにまで迫ってきている。▽18

万人に開かれてはいるものの誰もが見られるわけではない「猥褻」。それにアクセスするためには、人並み以上の努力を強いられたり、必ずしも誰もが持っているわけではない機械を持っていなければならないような「猥褻」。こうしたテーマに関して刑法の猥褻文書等頒布罪に関する判例は何らかの手がかりを与えているだろうか。それを次にみてゆくとしよう。

まずは、以下のような「玩物」のパレードを賞味あれ。

「常態においては、僧侶が鬼面を拝した図柄となっており卑猥とはいえないが、鬼面の両耳を接続することにより女性性器が、僧侶の両袖を接続することにより男性性器がそれぞれ形成される手拭い▽19」

「底部にわいせつな写真を入れ、その上をガラスのレンズで被い、酒等を注入すると右写真の映像が現れる仕組になっている盃▽20」

「浮世絵に模した女性が描かれている二種のマッチで、それを組合せると男女性器が現われるもの▽21」

▽18　どうやらそうした高度なコンピュータの助けを借りずとも、ローテク・レベルでモザイク消しは可能ではあるようである。たとえば、一九九三年二月一九日付の『東京スポーツ』紙の伝えるところでは、神奈川県警は、アダルトビデオのモザイク除去機を貸し出したレンタルビデオ店経営者に猥褻図画販売罪を適用して書類送検したという。モザイクとはいっても手順を一部省略して入れた不完全なものもあるとのことで、除去機をビデオデッキとテレビの間に接続すると、こうしたテープを元の映像に近づけることができるという。因みに二〇一七年現在の「マルチメディア時代」到来後の後日譚としては、テクノロジーは、この種のモザイク消しの高性能化の方向には向かわなかったことは、今日、読者の方々もご存じのとおりである。テクノロジーは、海の彼方でネット上を流通しているモ

「男女の性器及びその周辺部分を黒色で塗りつぶして修正したうえ印刷されているが、男女の姿態、修正の不十分さ等から性行為の場面であることを明らかに認識できるカラー写真[22]」

「わいせつと目される部分を黒色油性マジックインクで塗りつぶしているが、シンナーなどの薬品により表面に塗布されたマジックインクを除去し、かなり鮮明な程度まで容易に復元できる写真誌[23]」

こうした判例はいずれも猥褻性を肯定したものばかりである。はじめの二者については、おそらく大きな異論はあるまい。こういった温泉土産的なほほえましき玩具を取り締まることの野暮臭さということを別にすれば、おそらく誰にでも使い方のわかるこの種の玩具について、猥褻情報にアクセスすることの特別の困難さは認めがたいであろう。最後の類型は本章のテーマからは注目に値する。輸入版『プレイボーイ』誌の黒塗り部分にシンナーやマーガリンをこすりつけたという、今となってはあまり思い出したくもない情けない記憶のある者は、「団塊の世代」と「新人類」の中間に多く散らばっているはずだ。[24] この判決はそうしたことからも格別の愛惜の情を湧かせもするが、ここでは「容易に復元できる」という判決の文言に注

口出し映像を日本に居ながらに視聴させる方向に発展したのである。

▽19 大判昭和一四年六月二四日集一八・三四八。

▽20 東京高判昭和三八年一一月二八日集一六・八・七一六。

▽21 札幌高判昭和四四年一二月二三日高集二二・六・九六四。

▽22 東京高判昭和五四年六月二七日判例タイムズ三九七・一六四。

▽23 東京高判昭和五四年四月一六日判例タイムズ三九七・一六四。

▽24 「団塊の世代」はともかく、「新人類」は現在では註釈を必要とする用語かもしれない。ウィキペディアによれば、一九五〇年代後半から一九六〇年代前半に生まれた者を指すとか。

目したい。これを文字どおりに受け取れば、「容易には復元できない」ものは猥褻ではない、ということを言っているのではあるまいか。上記の内の「猥褻マッチ」事件においても、「それほど労を要しないでそのからくりを察知し得る」場合には、「きわめて特殊かつ困難な手法をとってはじめてそのからくりが判明する場合」とは異なり、猥褻性は否定されるものではない旨判示しているのだ。

これに対して、写真や挿し絵のない英文の「猥褻」文書について、猥褻文書等頒布罪の成立を認めた判例がある。[25] これは「猥褻性」の判断基準として「普通人」の性的羞恥心を害するか否かというものがあるが、この判例（最高裁）は結論として「英語の読解力のある日本人」をここでいう「普通人」にあたるものと解したようである。だがこの判例には批判もあり、「英語の読解能力を問わず我が国の社会の普通人、平均人を基準とすればわいせつ文書に該当しないとの判断も可能」といった批判がなされている。[26] やや似た論点を扱った判例としては、『壇の浦夜合戦記』について「読み仮名付の一見難解な和漢混淆文で、現代口語の解説文と一体となっている文書」について猥褻性を認めたものがある。[27] 仮に、これが英語による書籍ではなくサンスクリット語によるポルノ書籍であったら、果たして同じことが言えるだろうか。ここでの最高裁判決をそのまま敷衍すれば、「サンスクリット語の読解

▽25 最判昭和四四年四月七日集二四・四・一〇五。

▽26 大塚仁・河上和雄・佐藤文哉編『大コンメンタール刑法』第七巻（一九九一年、青林書院）二九頁。

▽27 東京高判昭和五〇年二月六日東時二六・二・二六。

力のある日本人」なる母集団がすぐさま観念されて、それらの性的羞恥心が害されるものであれば即猥褻になる、と言っているように読めるが、こうした最高裁のアプローチは正しいと言えるだろうか。

もっとも、こうした事例と、レイプ・ビデオゲームや市松模様のコンピュータ除去とは、問題状況が異なるというべきかもしれない。後者にあってはひとたび問題の画面にたどりつけば誰もが性的に刺激されるような場面がでてくると想定されているわけだが、[28] 前者では、そもそも英語や和漢混淆文で書かれたものに性的羞恥心の喚起力があるのかどうかという問題があるからだ（俗っぽく言い換えれば、果たして「ヌケる」か、ということだ）。おそらくこれらの判例もそうした問題を扱ったものとして理解されるべきであって、アクセスの困難性という新種メディアと猥褻に特有な問題には直接の関係がないと解するのが妥当であろう。

そうなると、市松模様のコンピュータ除去について、どの程度に容易に復元が可能であったのか、あるいはレイプ・ビデオゲームにおいてどれだけの労力で最終画面のレイプ・シーンに到達ができるのかということが、猥褻の成否を決めることになるのだろうか。しかしここで考慮されるべきなのは、シンナーやマーガリンの入手可能性といった牧歌的なものではない。いったい誰が、プレイの難易度だのマル

▽28　八〇年代中盤当時のゲームのドット絵の表現で、どこまで「性的に刺激」されるかは、とりあえず措くとしよう。

チメディア・マシーンの入手容易度を判断するのだろうか。そしてその程度はいかなるものであるべきなのか。果たして、こうした基準は実効性のある基準だろうか。

3 メディアは侵入する

たとえばそれが、合意のある者の間でのテレフォンセックスであれば、法はこれを猥褻関連の犯罪で取り締まることはできない。それは第一に刑法の構成要件にあてはまらないという点で取り締まり不能ではあるが、ここで言いたいのは、たとえ刑法その他の法律でこうした行為を取り締まりうるものと規定したとしても、それは無効たらざるを得ないのである。刑法その他の法律の上位規範の憲法において、こうした行為は自由に行えることの保障がなされているからである。すなわちプライバシー権の保護やその制度的保障である通信の秘密の保護なるものがそれである。▽29 合意のある者たちが寝室で繰り広げる行為に対して法が介入しえないように、電話におけるメッセージ交換についてもプライバシーが及んでいるのである。本章の目的との関係で言い換えれば、通信の秘密の保護の及ぶようなメッセージ交換には猥褻規制は及びえないということだ。

▽29 憲法二一条二項は次のように規定している。

「検閲は、これをしてはならない。通信の秘密は、これを侵してはならない」

憲法二一条はその第一項は集会・結社・表現の自由について定め、第二項では前半で検閲の禁止を定めているので、全体として表現の自由についての条文と見られがちだが、通信の秘密について規定した第二項の後段は同時にプライバシーの権利の側面をも持っている(芦部信喜著・高橋和之補訂『憲法(第三版)』(二〇〇二年、岩波書店)二〇一頁)。

だが先に指摘しておいたように、今日のメディアのある部分は、個人的＝密室的なものを目指す。さらにそれとは表面的には繋がりのない動きとして、「通信と放送の融和」なる現象も同時進行している。すなわち現代とは、▽30 こうした二つの相反する変動のダイナミズムにメディアがさらされている時代なのだ。本来的には万人に開かれているものの謂いであるメディアが、パッケージ化されたり暗号化されたりすることでそうした開放性を失う一方で、電話のように本来は私的な通信でしかなかったものが開放的なメディアにまさに成長しようとしているのだ。たとえば早い話が、今日の電話回線に使われている同軸ケーブルを光ファイバーに交換すれば、この中に映像を送り込むことも可能となる。▽31 電話回線網はたちまちにして有線放送網へと変身するのだ。

だから、従来的な通信と放送という区分を墨守していてもことは納まらない。通信と通信ならざるものをア・プリオリに分けて、通信＝猥褻規制及ばず、非通信＝猥褻規制及ぶ、とすることは無用の形式論理をはびこらせるばかりだ。ある種のメッセージ交換がいかに猥褻な内容であったにせよ、それに対して猥褻規制を及ぼしてはならないのは、それがプライバシーへの侵害となることがあるからである。つまり、通信か非通信かという議論ではなく、「通信の秘密の保護」なる命題の上位

▽30　一九九〇年代は、しきりに「通信と放送の融合」が叫ばれた時代で、マルチメディア云々も、そうした文脈で理解されるべきタームノロジーだった。ここでいう「現代」とは、旧版出版時の一九九四年当時である。

▽31　なにも光ファイバーでなくとも、動画圧縮技術の発達によって、既存の電話回線でも映像送信は可能であるという（那野比古『マルチメディア――巨大新市場の実像』〈一九九四年、NTT出版〉二八頁）。「今日の電話回線」が光ファイバーにとって代わられて久しい二〇一七年からみると、この部分の記述も隔世の感がある。

概念としてのプライバシーの問題をまず考えてみなければならないのだ。そういった意味で、猥褻の問題と「通信と放送の融合」の問題とはひとまずは分離して考察する必要がある。

こうした認識にたつ時、あのダイヤルQ^2をめぐる騒動にも異なった光をあてることが可能かもしれない。たしかにダイヤルQ^2論議の中心は、電話メディア端末の支配者（すなわち電話加入権者）たる親の同意なくその子供がこれを操ってしまうこと、そしてそれが極めて容易になされてしまうメディアへと電話が変容してしまったことへの異議申し立てではあった。その点で、この場合はメッセージ交換に参加する者の合意がない場合ともいいうるのである。実際にメッセージ交換に参加している子供は、「他人」の所有するメディアを「勝手に」使っているだけだからだ。そうであるからして、ダイヤルQ^2をめぐる議論では、「猥褻な通話内容だから規制せよ」という議論は表立っては出てこなかったのかもしれない。この問題の解決が、ダイヤルQ^2へのアクセスを登録制にするというかたちで決着したのは、▽32 したがってまことに興味深い。これは、親という名のメディア端末の支配者の合意を個別的にとりつけるということであり、逆に合意さえとりつければアクセスは自由ということだ。むろんＮＴＴはこれと並んでダイヤルQ^2への情報供給者の内容審査を強化し

▽32　松沢呉一「誰がダイヤルQ^2に倫理を求めたか」（前掲『威風堂々！　ワイセツ大行進』所収一九五頁）。

たということだが、これは先に指摘したように疑問なしとしない。自主規制の問題を離れても、次に検討するような問題をはらんでいるからだ。いまいちどプライバシーという問題について考えてみたい。どうして電話でのやりとりが猥褻であっても、法律はこれを罰しえないのであろうか。

まずは端的にいって、猥褻文書等頒布罪[33]においては、処罰対象たる行為が猥褻物の「頒布もしくは販売」あるいは「公然」の「陳列」である。公然猥褻罪においても「公然猥褻の行為」をすることである。ここで「頒布もしくは販売」とは、「不特定または多数の人」に対する譲渡ないしは交付であり、「公然」も「不特定または多数の人」が認識できる状態をいうとされているから[34]、結局のところ、猥褻関連の犯罪が成立するためには、「不特定または多数の人」へのはたらきかけが不可欠なのだ。先に述べたように、通信における猥褻なメッセージ交換が刑法の構成要件にあてはまらないとはこういうことだ。そしてこの「不特定または多数の人」という限定づけにおいて、憲法の保障する通信の秘密の保護が具現化されているわけである。

だが果たして、新しいメディアにおける、通信と放送が渾然となったようなメッセージ交換に対して、この限定づけは依然として意味をもちうるであろうか[35]。たと

▽33 凡例に記載のとおり、一九九五年になされた刑法の現代語化の結果、二〇一七年時点の現行刑法上は「わいせつ物頒布等」の罪となっているが、以下の記述においても旧法時の記載のままとする。
▽34 団藤重光編『注釈刑法⑷』(一九六五年、有斐閣)二九一頁。
▽35 たとえば現代の「チャット」などがこれに該当しよう。つまり数人が参加するような「チャット」のやりとりで自撮りの猥褻写真などを送ると、それが犯罪になるのかどうか、ということである。

えばコンピュータ・ネットワークでは、メッセージ交換に参加する者はすべてパスワードという名の個別の認識票をもつ。これを知らないとネットワーク内の情報にはアクセスできない。その意味で、ネットワークへの参加者以外の者に対しては、この中でやりとりされる情報は全く影響を与えないのである。言い換えれば、高度に特定性の高いメディアが達成されているのである。▽36

従来的な「不特定または多数」の解釈からすれば、こうした場合であっても該当性ありとされるのである。第一にネットワークへの参加要件にさしたる限定もなければ、つまり俗にいう「誰でも入れる」状態であれば、それだけで「不特定」性が認定されるし、ある程度以上の人数に情報が到達可能な状態におかれれば、「多数」性が認定されるのである。しかしいまいちど、新しいメディアにおける密室性というものを考えてみるべきではないか。電話の比喩を用いるとすれば、コンピュータ・ネットワークなどは一時に同じ内容の通話を行うことと等価なのだ（互いにやりとりができるという双方向性もあるから会議にたとえるべきかもしれないが、議論の単純化のために、ともかくも猥褻情報の片方向の流れだけを問題としよう）。どうしてこうした「電話によるメッセージ交換」に対して猥褻規制を及ぼさねばならないのだろうか。

従来の判例において、プライベートなセッティングを装った猥褻行為についても、

▽36　一九九四年の旧版出版当時においてすら過去の議論であったが、いわゆるCS放送（通信衛星を使った衛星波送信）が始まろうかという時期に、果たしてこれが放送なのか通信なのかの議論が巻き起こった。通信である分には、番組審議会を設けたりという余計な手間が省けるほか、放送に対する種々の規制から逃れられるからだった。CS放送が通信であるということの実質的な根拠として論じられたのが、同放送は加入契約を結ばなければ受信できないものであって、それはNHKの受信契約などとは異なり事実上も加入契約なしには見られない類の送信である（デコーダーでスクランブルされた電波を解読しない限りは正常な受信が不可能である）から、ということがあげられた。結局この論争は放送法に委託放送なる概念を導入することで郵政省（現在の総務省）側が、CS放送は放送

必ずしもその故をもって犯罪不成立とはされてこなかった。これらはいわゆる「お座敷ストリップ」の類である。▽37 だが、コンピュータ・ネットワークとお座敷ストリップを同一視することが妥当であろうか。どうもこの「不特定または多数」との要件は、「何かの拍子に見たくもない人や、まだ判断力において劣る青少年が入り込んでくるかもしれない」といったような抽象的な危険を犯すことがいけないのだ、と言っているように思えてならない。さもないと、猥褻をめぐる議論の一つである「見たいといっている人が見て何が悪いのだ」という反論に対して有効に反駁しえないことになろう。むろん猥褻禁止の根拠として「性行為非公然性」の原則や「善良な性風俗の保護」を持ち出せば、こうした抽象的な危険すら不要ということになり、この種の議論に反駁の必要もないのかもしれないが、しかしそうなると猥褻関連の犯罪の根拠は甚だあいまいなものにならざるをえない。なぜなら、ともかくも特定された人々のみが自らの意思で猥褻物を見ているのだから、「善良な性風俗」へのダメージなどはミニマムなものというべきだからだ。▽38

それに、そもそもこの種の「非公然性」とか「性風俗」といった概念は、電子回線の中のコミュニケーションなどが全く存在していなかった時代の産物である。ここで歴史的な例証をしている余裕も能力もないが、直感的に正しいと感じられるこ

であるとの解釈を押し切ってみせたものであった。

▽37 いわゆる秘密クラブ形式でストリップショーの類を行っていた事案について「公然性」を認めた事例としては、東京高判昭和三三年七月二三日裁特五・八・三四五などがある。一般論として、「不特定多数の人を勧誘した結果［……］数十名の客の面前で判示の所為に及んだ」場合にはこの「数十名の客とは不特定多数の客」であるとされたり（最判昭和三一年三月六日裁判集刑一一二・六〇一）、「特定の少数人のみの認識しうる状態においては原則として公然とは云い得ないのであるが、もしもそれが現に特定の少数人が認識し得るにすぎない状態にあるにせよ、偶発的に行われたものではなく一定の計画の下に反覆せられる可能性のあるとき」は公然にあたると判示した判例もある（大阪高判昭和三〇年六月一〇日集

とは、こうした概念は対面的なコミュニケーションを前提とした概念なのではないか、ということである。こうしたコミュニケーションを前提にすれば、たしかに「見たくない人」だの「青少年」だのがうっかり猥褻なコミュニケーションに巻き込まれてしまうという危険はないわけではない。だがコンピュータ・ネットワークであれば、見たくない人や未成年者などを最初から特定のメッセージ交換から完全に締め出してしまうことが可能である。▽39 つまりここには、右に述べたような意味での抽象的な危険すら存在しないのだ。猥褻な情報に接したいという成人のみが、そうした情報にアクセスできる仕組を作れるのだ。これを処罰する必要があるだろうか。その本質が電話通話であるようなメッセージ交換に対して、プライバシー侵害を惹起せずに、法は介入しうるのだろうか。

4　メディアは創造する

誰もがマルチメディアという言葉を口にし、その口当たりのよさに思わずうっとりとしてはみるが、さて改めてそれは何かと問われれば、いきなり絶句してしまい、己れの競争業者のやっていることを盗み見ながら曖昧に口籠もるよりほかはない。

八・五・六四九。前掲『注釈刑法(4)』二八〇頁)。

▽38　近年の摘発例としては、乱交パーティの主催者らを公然猥褻罪で逮捕したものがあったが(二〇〇九年六月)、参加者は八名程度であったもようである。主催者らは、インターネットを使って参加者を募っていたとのことで、多数性は満たされないが、不特定性を満たすとして、「公然性」を認めたものだろうか。

▽39　むろん、たとえば成人が自分のパスワードを未成年者に知らせてしまって、その結果未成年者が猥褻情報にアクセスする、といったこともありえないことではなかろう。だが、果たして、ありうべきあらゆる事態を想定してまで猥褻情報というものは禁圧されなければならないものだろうか。それはあたかも、ペーパーナイフが殺人の道具に使われることをおそれて、ペーパーナイフの売買を免

いまやマルチメディアという名の怪物が世界を歩き回っているのだ。メディア・情報産業と家電産業とは、この怪物の全貌も判らぬままに、これを畏怖しつつこれに魅了されている。いったいマルチメディアとは何物なのか。▽40

メディアは、単なる情報の運び屋から情報の加工販売業者へと徐々に変身を遂げてきている。それはコンピュータの絡んだメディアにおいて著しい特徴だ。どうやらマルチメディアとして喧伝されている装置とは、これまでメディアが一方通行的に送り込んできた情報という図式をあらため、情報の受け手が送り手にある程度の投げ返しができるようなシステムを言うもののようだ。そして現象的には、メディアの受け手はコンピュータの画面上で一種の創造作用を行うことになる。すなわち、彼は画面上に自分が見たいと思う情報の断片を次々に召喚し、これらをつなぎ合わせてゆくことができるのである。こうした情報がどこから召喚できるのかといえば、ディスク内あるいはホストコンピュータ内に内蔵される、あるいは自身のマシンがネットワークでつながれた他のコンピュータ内に内蔵される、膨大な数のデータでありデータベースである。きわめて古典的な比喩を用いれば、画家が絵の具を使ってキャンバスに描くように、マルチメディアにおける行為者は情報をモニター画面に設定してゆくのだ。▽41

許制にするのと同じ程度に馬鹿げていはしまいか。

▽40　一九九四年時点で既にして「うさん臭い言葉」としてのマルチメディアなる語が存在していたことを、この文節は匂わせているようである。前述のとおり、むろん、いまや死語である。

▽41　今日的にいえば、ここでイメージされているのは、ＳＮＳにアップされる膨大な量の投稿や写真、二次創作物、などなどであろう。

マルチメディアにおけるデータベースとは、このようにある種のツールである。しかもデータベースというものはその性質上、情報を包括的にカバーしてあるべきものである。情報が猥褻的であるとしてこれを差別することは、本来的に許されない。また、データベースの中の情報といったような断片的な情報に猥褻性が宿るかどうかは、猥褻の定義からいってもかなり疑問なのである。▽42 だが、マルチメディアの中にデータベースを置くとき、こうした断片的な、それ自体では猥褻とされない情報の組み合わせにより、猥褻な統合的情報が創造できるかもしれないのだ。かくてメディアは、情報の受け手に猥褻を創造させるまでに進化したのである。

おそらく例をあげながら話さねばなるまい。仮に医学上のデータベースのようなものがあって、人体の各パーツの写真が揃っているとする。ヘアや性器の写真も含まれようが、これ自体を猥褻とすることは難しいのだ。それは、現在でも専門の医学書に出てくるヘアや性器の写真を猥褻に問うことが難しいのと同じだ。▽43 ところでこうしたデータベースとは別に、アイドル歌手の顔写真やら水着写真のデータベースがあったとする。さて二一世紀のオタク少年たちの考えそうなことは、こうしたアイドル歌手にヘア写真をはめ込んでしまうことだろう。何も医学データベースに頼らなくとも、手元にあるビニ本のその種の写真をスキャナーで読み込ませるだけ

▽42 有力説は、猥褻性はその作品を全体としてみた上で判定されなければならない、と説く。ただし、かかる見解はチャタレイ判決では「問題は本書の中に刑法175条の『猥褻の文書』に該当する要素が含まれているかどうかにかかっている」との判示により否定されてはいる（前掲『注釈刑法⑷』二八七頁）。この点は、一見「全体的考察論」を採用したかにみえる『悪徳の栄え』最高裁判決においても、依然として否定されているとされる（田中久智「判例評釈」『別冊ジュリスト・マスコミ判例百選（第二版）』所収三三頁）。

▽43 たとえば、「その作品の特

でもいいのだ。つまりは、清純派アイドルの顔写真を切りぬいて他人のヌード写真の顔の部分に貼りつけるという、あの昔懐かしい手法の今日的再現であるが、マルチメディアですごいことは、その気になれば、これをさらにアニメートできるかもしれないということだ。すなわち、稚拙な貼りつけ写真のエロティシズムをはるかに凌駕する迫力の、動く画像を実現することができるということなのだ。猥褻とマルチメディアという関わりの中で考えるべきことは、だからアイドル歌手の顔がのっかっているかどうかではなく、コンピュータをもっている個人が比較的容易に迫真の猥褻アニメーションすらも作ることができる時代がやってくるという点だ。

こうした現象をそれ自体で猥褻関連の犯罪に問うことは難しい。なぜなら、いかに猥褻な画像を作りあげたとしても、それが個人の端末の画像の中に留まる限りは、プライバシーの領域内のことだから、法はこれを処罰しえない。「だが」と規制当局は考える。「清純派アイドルの顔写真をヌード写真に貼りつけたようなものと、迫力の動画とを果たして質的に同一視できるだろうか」と。こうした動画像がコンピュータ・ネットワークやビデオを通じてマーケットに流出した場合の影響は、当局にとってはたしかに大きいと感ずるようなものであろう。

そこで当局は考える。こうした猥褻物をコンピュータ上で創作することそれ自体

殊な性格（学術書、科学書、医学書というような）、出版方法（限定出版等）、販売広告の方法如何によりその読者層が自から限定され、あるいは、一定の読書環境が想定される場合があることは争えず、このような場合その作品の読者に与える心理的影響を、限定された読者層あるいは一定した読書環境における読者を基準として考えることは、あながち不合理とは考えられない」といった判示もある（東京高判昭和三八年一一月二一日集一六・八・五七三）。猥褻でないとされた事例としては、『若き人妻の性典』と題された科学的映画で瞬間的に女性性器を映写する部分のあるもの（東京高判昭和三三年一二月二〇日裁特五・二・五二一）などがある。ただし、科学的報告書の形式をとりながらも、実質において科学的報告書とは認められないとされたものもある。

ないしはこうした猥褻物を所持していることを犯罪化することはできないだろうか、と。▽44 あるいはデータベースによる「猥褻的な」情報の呼び出しや読み込みを犯罪化することはできないだろうか、と。しかし、これらはいずれもプライバシーの壁につきあたらざるを得ないし、さらには細分化された情報の集積であるデータベースにあっては、先に述べたように、個々の情報が「猥褻的」であるか否かということはさしたる意味を持たないのだ。

それではより根本的な問題として、こうした猥褻物を容易に創作できるような機器を誰にでも所持できるような環境そのもの、あるいはどんなデータベースへも誰もがアクセスできるという環境そのものを攻撃目標にできるだろうか。マルチメディア・コンピュータは一八歳未満には売れないとしたり、医学データベースには医師資格をもった者以外はアクセスできない、といった規制が果たして可能であるのか。だが、これではマルチメディア・コンピュータ自体や特定のデータベース自体が猥褻物であるといっているに等しいことになる。しかし問題は、一般論としては猥褻でも何でもないものが、猥褻的な使われ方をされうるという事態にどう対処すべきかということなのだ。▽45

この点で示唆的なのが、猥褻関連の問題ではないが、アメリカにおけるソニー・

▽44 現行法では猥褻物の所持が可罰的であるのは、それが「有償頒布の目的」における所持である場合に限られている（刑法一七五条二項）。おそらくその実質的な理由としては、猥褻物の単純な所持を犯罪として問うことはプライバシーへの過剰な侵入として憲法違反を惹起しかねない一方、「販売目的の所持」であれば販売の準備行為として可罰性ありとしたものであろう。ただし、児童ポルノについては単純所持が可罰的とされたことについては、Ⅸ章を参照。

▽45 近年の猥褻事犯として、3Dプリンタによる「マン拓」製造により罪に問われた「ろくでなし子」事件があったが（Ⅸ章参照）、そこでも言及したように、3Dプリンタで拳銃などを複製できないよう、「特徴量」なるものをあらかじめプリンタに読み込ませて、防止案とすることが検討されているという。

ベータマックス訴訟であった。これはハリウッドのメジャー各社がソニーのビデオ録画機器のベータマックスを槍玉にあげ、これが自分たちの財産である映画を無料で録画できるような利便性を消費者に与えている点において、著作権の侵害を助長するものであるという理屈をたてたのである。しかしアメリカ合衆国最高裁判決では、著作権侵害が成立するためには、その機器がもっぱら違法な著作権侵害に使用されるようなものであることを必要とするのだ、と判示した。こうした考え方は猥褻の認定にも汎用性があると思われる。マルチメディアのハードやソフトが猥褻の創造や解読にのみ使われるような作りでない限りは、たとえそれによって猥褻創造がなされるとしても、機器を罪に問うことはできないのである。▽46

こうしてついに人類は、究極の、といっていいほどの画像作成上の自由を獲得するにいたる。またこのような結論は、マルチメディアの他の機能に関しても、あまりやかましく猥褻だの何だの言うことをためらわせることとなろう。たとえば前項で触れた市松模様除去の話にしても、リアルな猥褻動画を作ることのできるような現状を前にして、今さらアダルトビデオの市松模様の除去も糞もないわけだ。それがポルノグラフィ愛好家にとってのバラ色の未来なのかどうかはさておくとしても、これこそが「来るべき世界」なのだと言うことができよう。

▽46　Sony Corp. of America v. Universal Studios, Inc.（464 U. S. 417〔1984〕）。なお、日本においてもおそらく同様に考えられよう。たとえばモザイク除去機の業者の書類送検を報じた前掲新聞記事では、神奈川県警では「除去機だけでは取り締まれない」との認識を持っていた旨を報じている。

5 おわりに――猥褻規制の変容？

それが執着からであれ嫌悪からであれ、大部分の人々はエロスに関心を抱いている。ことに前者である場合、人類が動物の一種である以上、それは宿命なわけだし、後者であっても、おそらくそれは動物的存在としての人類に対する反感ゆえのものであろう。そして国家制度というものは宗教的な理屈づけだのその他の理屈づけだので、これを統制下におき、コントロールしようとしてきた。しかし一つ言えることとは、エロスが人にとっての必然のものである以上、国家といえどもこれを完全なコントロール下におくことは不可能であること、▽47 そしてその限度で国家も「社会通念」という名の顔色うかがいを行わざるを得ず、そうした流行り廃りに身を寄せざるを得ないということである。メディアの進化は、こうした社会通念の変化というものの、ある意味での具体化である。だから、国家としては変化するメディアに応じてエロスの統制の理由づけを、パチンコ店よろしく、もっともらしく新装開店する必要があるのだ。しかしこれまで見てきたように、どうも私見によれば、プライバシーという厚い壁を突き破るに足るものがこの領域には見いだせないように思われる。だから、すべからく猥褻関連の領域に規制管轄権という名のナワバリを持っ

▽47 少子化対策なるものも、それが行きすぎると「産めよ増やせよ」的なものとなってしまう。究極の少子化対策は、国家による出生の管理だが、それが悪夢にほかならないことは、多くのディストピア小説や映画が描くところである。

ていた諸官庁は、すみやかにギブアップすべきなのかもしれない。それこそが、個人の責任の確立というプラスの政策目標にもかなうことではないだろうか。

しかし、おそらくそこで注目されだすのが自主規制ということになろう。裸の国家権力による規制ではとうていなしえないものを、自主規制はいともやすやすと行いうるのだ。たとえばその動きは、ホームビデオやビデオゲームに及んでいる。ただしこの点については後の章で扱うこととしよう。

新しいメディアの世界における警察規制＝国家による直接規制という話題に限定するとき、おそらく現実問題としては、そもそも取り締まりの端緒、すなわちどこに猥褻が存在するのか、というところで規制当局はつまずかざるをえまい。ビニ本だとかエロ本といった判然と目に見える物に化体したものではなく、それはディスクだのCD-ROMだのと称する無機的な物体におさまっているものなのだ。▽48 そして流通の過程すら、電話回線の中などを通って密かに動いているふうなのである。さらに取り締まりの端緒をつかんだところで、これをどうやって公判維持可能な立証資料に化体するところまでもってゆくのか。当事者が否認する中で、たとえばコンピュータ・ネットワークの中に人知れず置かれた猥褻画像を誰が作ったかを、どうやって跡付けることができるのか。それをいかに誰にも納得できるようなかたち

▽48 CD-ROMも、二〇一七年の現在においては、死滅したメディアといっていいかもしれない。一九九四年当時には、CD-ROMに格納された「マルチメディア・コンテンツ」が数多く販売されていたものである。

で証拠だてられるのか。

むろんこうした手続法的なことのみが問題になるわけではない。そもそも何故に猥褻が規制されるのかという根本問題が問い直されなければならないのは必定だ。そうした場合に、単に「性行為非公然性の原則」だとか「善良な性風俗の維持」といった焦点のズレきったことを言っていても、新しいメディアの時代にはとり残されることになる。

たとえば筆者はかつて、映画『トータル・リコール』(一九九〇年、ポール・ヴァーホーベン監督)で描かれたマインドトリップを引き合いに出しつつ、猥褻規制との関連を論じたことがある。▽49 これは、美容院の椅子のごとき台に人を寝かせて薬物を注射して、一定の電気的パルスに反応しやすくした状態で、人工的な夢を見せるマシーンに関するエピソードである。こうした「夢を売る」商売があるわけで、当然その中にはセックスもふんだんに盛り込まれている。こうしたものが実現しているわけではないから、まだ文字どおりの夢物語ではあるが、これはメディア論からすれば興味深いブレイクスルーとは言えはしまいか。ここにおいてメディアは時間の壁を破ってしまうことになるからだ。夢というものの本質である、わずか数分から数時間のタイムスパンの中に詰め込まれた何日間にも及ぶ幻想の体験。もちろんこれ

▽49 「究極のメディア間競争――メディアの多元化の意味するもの」(『日経イメージ気象観測』No.22〔一九九二年〕)。なお、改稿のうえ、本書の「幕間」として収録した。

は薬物の使用や人体への電気的パルスの使用といった点で、衛生関連の規制に服することではあろう。しかし猥褻規制はどうであろうか。衛生関係の規制からは猥褻規制を行うことは不可能であろう。つまり、人体に有害でないことが明らかであるならば、いかなる内容であれ夢を見せることはできるはずだ。猥褻な夢そのものが人間の心理に有害だということになれば話は別だが、果たしてそうしたことが立法事実といいうるまでに明白なことと言えるだろうか。社会政策的な観点から問題になりそうなことは事実である。猥褻な夢を見させることを野放しにすれば社会全体の生産性に影響する、とかいう理由で。なるほど一理あるようにも思えるが、そうした意味ではアルコールだって規制されてしまうだろうし、何よりもアル中が社会全体の生産性に及ぼす影響が未確定である以上に、立証の不可能な理由である。人の想念の中よりもプライベートな場所などはないのだ。ここに法が侵入するためには、よほどの理論武装が必要になるはずである。

メディアが発達に発達を重ねれば、いかようにもプライベートなものになってゆくことが可能であり、現にそうした傾向は見てとれる。▽50 それなのに、猥褻を規制する側では相も変わらず昔からのお題目を唱えているばかりだ。おそらくこのままに推移すれば、二一世紀中に警察規制としての猥褻規制は事実上死滅に向かうのでは

▽50　さしずめVR映像などは、『トータル・リコール』のマインドトリップに至る第一歩なのかもしれない。

ないだろうか。死滅はしないまでも、何やらひどく歪んだかたちで存続するのではあるまいか。その時に我々の手に残されるものは、より厄介な問題をはらむ業界団体の自主規制という代物なのである。

Ⅱ

まだ死ねずにいる猥褻裁判のために

――チャタレイ夫人／サド／愛のコリーダ

1　刑事裁判という環境

「起立」という廷吏の声とともに刑事裁判は開始される。裁判官により人定質問がなされ、検察官により起訴状が朗読され、これに関する認否が被告人に尋ねられる。ときとして、「私はやっていない」とか「事実関係に間違いがある」といった主張が被告人からなされもする。「無実の推定」という言葉だって人口に膾炙したものであろう。しかし刑事裁判の実態はこうした言葉とあまり関係を持たない。誰も、法廷に引き出された男なり女が犯人でないなどと信じてはいない。そのことはたしかに、統計的意味においてはほとんど絶対的な真実だ。▽1 だが、裁判がある種のゲームであるならば、▽2 そこに統計を持ち込むべきではなかろう。確率六分の一のサイコロの目に六〇〇万円を賭けたギャンブラーに対して一〇〇万円を払い戻したところで、彼は喜びはしない。ましてや、刑事裁判の本質を「真実の探求」にありとする糺問的《きゅうもん》訴訟観▽3においては、俺は無実だ、事実関係に疑義ありとする異議申し立てについては、原理主義的な観点からは、むしろこれを積極的に取り上げるはずである。もとよりそれは、被告人が愚にもつかぬ弁解をしているということを、彼の帰責性加重の一端とする方向での関心のありようではあろうけれども。

▽1　司法統計によれば、昭和六一年当時の有罪率は九九・八六％であるという（大野正男・渡部保夫編『刑事裁判の光と陰——有罪率99％の意味するもの』〔一九八九年、有斐閣〕四五頁）。この数字は、さすがに昨今は緩和されているだろうと思いきや、二〇一四年の司法統計を基に計算すると、九九・八％だという。

▽2　ただし、現代的な当事者主義の訴訟観のもとでは、あからさまなゲーム化というものは戒められてはいる（平野龍一『刑事訴訟法』〔一九五八年、有斐閣〕一八頁）。しかし、現代的なとは書いたものの、二〇一七年のポストモダニズム的状況では、おとり捜査や司法取引などの論点を含めて、ゲーム化の問題は、改めて俎上にのぼっているとも言うべきかもしれない。

▽3　刑事訴訟の主体は、当事者（すなわち、検察側と弁護側）と

かくして、事実上の「有罪の推定」がまかりとおる中、とても静かに裁判は進行する。なぜなら、そこで無罪を争おうにも、統計上、何の勝算もありえないのだから。被告人による罪状否認の声を聞くやいなや、勝利などという言葉を、ポケットに残った最後の一〇〇円玉を握りしめるギャンブラーほどにも信じていない被告人側の弁護士のみならず、法廷内の誰も彼もが、癒しがたい疲労と諦念にとらわれてしまうであろう。

どこかで何かが狂っている。ボタンの掛け違い、すれ違いに終わるめぐりあい。ある種のコミュニケーションの場として措定される法廷で、立ち腐れしかかっているコミュニケーション。コミュニケーションを媒介する場である以上、法廷はメディアになぞらえられよう。むろん立ち腐れて滅び去るべきメディアは滅び去るがよい。しかし国家がスポンサードするメディアが機能不全をおこした時、そのツケを他ならぬ我々が負わされるのだとすれば、これは放ってもおかれぬ事態というべきである。

職業に倫理性がつきものであるとして、筆者が常々思わざるを得ないのは、刑事裁判官の倫理性というものだ。刑事裁判官における倫理とは何か。それは検察と被告人の言い分を公平に聞き、これを良心にしたがって裁くということにつきるだろ

は考えず、裁判所であるとする考え方であり、戦前の刑事訴訟はこのような考え方で運営されていたとされる（同右二頁）。

う。だがそれは果たして行われているのだろうか。たとえば次のような意見がある。

確かに、被告人が公判廷で述べる事実の方がすべて真実であるという保証はない。密室で調べなければ、真実を述べないということもありうる。［……］しかし、同時に、拷問はもとより、被疑者から有効な弁護をとりあげた状態での強烈な取調べは、しばしば全然「真実」と異なる自白を導き易いことも事実である。［……］

優秀な刑事司法は、被疑者・被告人にそもそも弁解をさせない、あるいは弁解できない情況におくことにその能力を発揮すべきではなく、十分に弁解させたうえでその真偽を判別することに能力を発揮すべきではないか。▽4

いきなり話題は取り調べに及んだが、本論考とも関連のあることだ。おそらく大部分の筆者の同業者も同じ感慨を共有している。たとえば、有罪率が九九％を超えるという異常な刑事司法運営のもと、そもそも無罪を主張する被告人の言うことなど、存在自体不合理というべきなのかもしれない。しかしこういった異常事態を作り上げてきたのが、他ならぬ刑事裁判官であることは否定しようのない事実だ。

▽4　前掲大野・渡部四三―四五頁。一九八九年刊行の本からの引用だが、こうした状況が二〇一七年の今日も続いていることは、たとえば取り調べ可視化が十全に実現していない事実や、アメリカなどでは常識的な、取り調べへの弁護士の立会が一貫して認められていないことなどから、明白であろう。

▽5　旧版当時、こうは書いたが、最近はそれについて、やや微妙に

あまり世間は知らない微妙な問題として、公判担当の検察官は常に同じ裁判官と日々法廷をともにしているという事実がある。どの部でもいいのだが、たとえば、東京地方裁判所刑事第四二部い係という裁判所をあずかる裁判官は、これを担当する東京地方検察庁検察官と毎日のように顔をつきあわせているのだ。これに対して、当然のことながら弁護人は事件毎に全く異なる人間が法廷に現れている。裁判官と検事の間に、刑事裁判における「クライアント感覚」ともいうべき雰囲気が醸成されることは何ら不思議ではない。

もう一つの問題として、審級を上がれば上がるほどに官僚化する判断というものがある。官僚化という言い方が不正確ならストレートに検察寄りという言い方をしようか。数少ない無罪判決が一審で出たとしても、大部分は控訴審、最高裁で覆される。[▽5] これは後に猥褻関連のものについて、具体的に見て行くこととなろう。

さらには法曹界で公然とささやかれる「秘密」として、裁判官の裁判所内部における評価は事件処理の分量であるというものがある。[▽6] ただでさえ留まりがちな事件を素早く処理する手腕が「出世」の早道であるという。無罪判決を下したり（一般的に無罪判決を起案することは時間と労力がかかると言われている）、被告人の弁解のいちいちに耳を傾けることが、これに逆行するのは明らかだ。[▽7]

異なる感想を抱いている。刑事裁判については、むしろ地裁・高裁に比べて、最高裁がややリベラル化しているのではないのか、という感想である。あるいは、地裁・高裁の判事らの保守化が激しすぎるというべきなのか。ただし、これについては定量的な統計もないところなので、個人的な感想にとどまるものだ。

▽6　二〇一七年の今日においては、こうしたことは公然の秘密ではなくなり、誰もが知る事実となっている（瀬木比呂志『絶望の裁判所』〔二〇一四年、講談社現代新書〕一三六頁）。

▽7　「刑事系に特化した裁判官には、検察寄りにバイアスがかかる傾向が否定できず［……］被告人、弁護士、裁判員が見ていない場所で検察官と裁判官が話を通じ合わせているような事態も十分に考えうるのである」（同右一四八頁）。

こうした状況で、しかし、一般ないし民間からの刑事裁判官への批判、刑事裁判批判は、「裁判官の独立」「司法の独立」のもとに巧妙に回避されることになる。当の弁護士たち自身もそうした批判を表だっては行わないのが常だ。なぜなら多かれ少なかれ刑事事件をかかえている彼らは、常に裁判所に「人質」をとられているに等しいからだ。

猥褻をめぐる問題も、こうした刑事司法の一般的状況を離れては語り得ない。というよりも、猥褻というものが単なる事実的概念ではなく規範的概念である[8]という点で、規範設定者としての裁判官が通常以上にあからさまに前面に出てしまわざるを得ないのだ。いかにヘア解禁が叫ばれようとも、猥褻物関連の犯罪でいったん起訴されて刑事裁判の場にひきずり出されれば、我々はいやでも刑事裁判官と対面せざるを得なくなる。装置としての裁判が上訴不能なかたちで猥褻を宣言すれば、それは動かしようもなく猥褻となってしまうのだ。そして、猥褻をめぐる一連の刑事裁判においても、これら刑事裁判一般をとりまく矛盾がほとんどそのままのかたちで噴出している点に、いまさらながらにあきれさせられる。刑事裁判においては、強姦強盗殺人犯も気鋭の文学者／映画監督も扱いは変わらない。しかし、法形式的に猥褻関連罪が強盗殺人罪と並んでいるというそれだけで、こうした「平等」な取

▽8　大塚仁・河上和雄・佐藤文哉編『大コンメンタール刑法』第7巻（一九九一年、青林書院）二九頁。

扱いを許すのは、表現の自由に対する挑戦といってもいい暴挙ではなかろうか。それはしかし、またあとの部分であらためて取り上げたいと思う。

2 猥褻の現在

それでは現在、猥褻なる概念は裁判の場でどう捉えられているのだろうか。なるべく論評抜きで、即物的に語ることとしよう。[9]「猥褻」なる用語の意味が問題になるのは、典型的には刑法一七五条のコンテクストにおいてである。同条は「猥褻な文書」等の販売等を、刑罰をもって禁止した条項である。以下では猥褻罪といった省略した言い方で、この条項を呼ぶこととしたい。

そこで何が猥褻かということになるが、その定義については、いまだに昭和三二年のチャタレイ最高裁判決[10]（伊藤整が翻訳し昭和二五年に出版された『チャタレイ夫人の恋人』が猥褻文書にあたるとして起訴された）が判例としての拘束力を及ぼしている。すなわち猥褻とは、「徒らに性欲を興奮又は刺戟せしめ、且つ普通人の正常な性的羞恥心を害し、善良な性的道義観念に反するもの」をいうとされている。このうち後段の、「善良な性的道義観念云々」のくだりについては、これは社会通念に照らして

▽9 ここにおける記述は、同右及び団藤重光編『注釈刑法⑷』（一九六五年、有斐閣）の該当箇所の記述を参考にした。

▽10 最判昭和三二年三月一三日刑集一一・三・九九七。

判断されるという解釈が通説のようであり、ここから、「猥褻概念は時代とともに変化する」というテーゼが導かれている。

さらに猥褻性といわゆる芸術性や科学性との関係については、判例の立場としては、これらは両立しうるもの、すなわち芸術的にすぐれた作品であっても、それが猥褻であれば猥褻罪の対象となりうる、との立論を採っているようだが、これに対しては学説などは「相対的猥褻論」からの疑問を投げかける向きもある。つまり、芸術性の高い作品は猥褻性を相殺するという思想である。

ところで抽象概念としての猥褻はひとまず分かったこととするにしても、具体的には猥褻文書とはどういうものをいうのか。これに関しての最高裁判例がないが、『四畳半襖の下張』事件の高裁判決[▽11]は、それが「性器または性的行為の露骨かつ詳細な具体的描写叙述」という言い方をしていることから、要するに「性器はダメ」という暗黙の了解があるものと推察される。ただし、これにもさらに例外があるようで、たとえば医学書における性器の写真などは許される余地があるようだが、この点については前章の註（▽43）において簡単に触れたところだ。

さらに翻って、なぜ猥褻物は取り締まられるのか、つまり猥褻立法の保護しようとする保護法益は何か、という根本の議論についても触れておくべきであろう。こ

▽11　東京高判昭和五四年三月二〇日判例時報九一八・一七。

れについては、判例はほぼ一貫して、性道徳・性秩序の維持が刑法一七五条の保護法益であるとしている。だが、さらにつっ込んで、性道徳や性秩序がなぜ守られねばならないのか、ことに刑罰を担保としてまで保護されるべきなのかについては、判例から実りある議論を期待できない。この点、たとえば、「性行為非公然性の原則」であるとか、強姦等の性犯罪への煽動となるといったことで、その禁止の実質的な理由を説明しようとする試みもなされたが、必ずしも奏功していない。性行為非公然性の議論に対しては、それが社会に与えるショックを問題にしているのだとすれば、猥褻文書にその旨のラベリングを施せば回避できるはずであると反論することができるし、犯罪煽動的との根拠には、こうした事実的な因果関係が立証されたものではないとの批判が待ち構えている。▽12 何よりも、『愛のコリーダ』事件の弁護人の準備書面の次のような主張は、猥褻というものの重苦しい定義を軽やかに笑い飛ばしていて、いまなお痛快である。

しかし、まず第一に、大の大人が性を表わした文書や図面を見たとしても、それがいかなるものであろうとも、恥ずかしくて心を傷つけられるということが通常あるといえるであろうか。〔……〕またかりに恥ずかしいという感情をもつ

▽12 アメリカにおける大統領特別諮問委員会は、調査研究の結果こうした因果関係を否定した。*The Report of the Commission on Obscenity & Pornography* (1970). 奥平康弘・環昌一・吉行淳之介『性表現の自由』(一九八六年、有斐閣) 一三四頁。

ことがあったとしても、通常人はこの感情を適当にコントロールできるのであって、それによって、心や人格に傷を負うということはない。また、かりに性表現によって内心が何らかの形で害されることがありえたとしても、これはいわばささいなことであって、それが刑罰に値する法益であるとは到底いえない。[13]

▽13 内田剛弘編『愛のコリーダ裁判・全記録（上）』（一九八〇年、社会評論社）一二六頁。

3 文芸裁判を超えて

戦後の猥褻裁判の大雑把な流れを一言で言うとすれば、「芸術＝非猥褻」論から「猥褻なぜ悪い」論へ、との象徴的な括り方が可能だろう。[14] チャタレイ裁判（最終的な判決は昭和三二年）やサド裁判（最終的な判決は昭和四四年）は前者の系譜に、そして『愛のコリーダ』裁判（最終的な判決は昭和五七年）は後者の系譜に連なるものだ。「芸術＝非猥褻」論は、作品の芸術性が猥褻性を相殺するとの考え方である。つまり、先に触れた「相対的猥褻論」の思想と言える。この言い方には微妙なバリエーションがあって、「芸術性・思想性が文書の性的刺戟を減少させて、刑法が処罰の対象とする程度以下に猥褻性を解消させる」といった言い方をされる場合もあるが、本質的には同じである。これを裁判現象学的にみれば、いわゆる文芸裁判の展

▽14 同右。

開ということになる。つまり、被告人側としては、猥褻とされた文書の芸術性・思想性の立証を行うことで、「猥褻性の解消」を裁判所にアピールすることになる。たとえばサド裁判を例にとってみよう。言うまでもなく、サド裁判とは、澁澤龍彦が翻訳し、昭和三四年に現代思潮社が出版したマルキ・ド・サド著『悪徳の栄え』の文中の何箇所かが猥褻にあたるとされて、翻訳者の澁澤龍彦と出版社代表の石井恭二が摘発された事件である。ここで被告人側の証人として証言した顔ぶれは、大岡昇平、奥野健男、吉本隆明、大江健三郎、中村光夫、といった面々である。さらに被告人側は、十全な弁護活動のためには特別弁護人が必要であるとして、こうした特別弁護人に遠藤周作や埴谷雄高を選任している。こうした布陣はチャタレイ裁判の際のそれを踏襲したものといえよう。

これらの証人たちは、ニュアンスや力点の置き方の差はあるが、それぞれサドの哲学書としての、思想書としての重要性や、猥褻性との乖離（サドを読んでも性的興奮を覚えない！）などを証言した。これに対して検察側は概して反対尋問などはせず、言わせるだけ言わせるといった態度に終始した。ただ後の猥褻裁判との関係で注目しうるのは、サド裁判での検察側は「社会通念」の立証を行っていた点である。すなわち、婦人会の代表や女子校の校長などを証言台にくりだして、積極的

▽15　刑事裁判における弁護人には弁護士しかなれないのが原則であるが、特別弁護人とは、裁判所が特に許可した場合に弁護士以外から選定することが許されている。

▽16　チャタレイ事件の特別弁護人には中島健蔵、福田恆存、証人としては、吉田健一、福原麟太郎などが出廷した。

に『悪徳の栄え』の猥褻性を立証しようとしている。

だが文芸裁判はそれ自体、表現の自由一般に対する危険をはらんだ裁判形態であると言わねばならない。[17] なぜなら、被告人＝弁護側としては、問題とされた文書が芸術性や思想性において優れているが故に猥褻なるマイナス評価を免れる旨を主張し立証することになるからだ。こういった主張が前提として拠って立つところは、書物の中には芸術的に優れたものとそうでないものとがあり、後者は猥褻であるとの評価を受ければ禁圧の対象とされてもやむを得ない、ということだからだ。さらに厄介なことは、仮に裁判所が被告人の言い分を認めて「芸術性」の故に猥褻性の阻却を肯定したとすると、国家が芸術性の認定者として立ち現われてしまうこととなる。これは実は芸術にとっても国家の側にとっても不幸な事態であると言わなければならない。[18]

ただ、興味深いことには、派手に文芸裁判を展開したサド裁判の当の被告人である澁澤龍彦はこの点についての認識はあったようで、共同被告人や弁護人との間にも微妙な意見対立があったという。「芸術」という「お遊び」を国家になど取られてはたまらない。いかにも「遊び」の人である澁澤らしさを伝えるエピソードではあるまいか。[19]

▽17　前掲『愛のコリーダ裁判・全記録（上）』一五頁に引用される澁澤龍彦の発言。

▽18　そもそも裁判所は、芸術性の認定を行う権限を法制度上与えられていない（裁判所法三条）。

▽19　大野正男・大岡昇平『フィクションとしての裁判——臨床法学講義』（一九七九年、朝日出版社）一三頁。

4　猥褻なぜ悪い

だから、文芸裁判から「猥褻なぜ悪い」への転換とは、国家とアートの関わりというものに自覚的である限りは、必然のなりゆきといってよいものであった。さらには、「反体制の人」大島渚が当事者であるとなれば、これはいやがおうにも盛り上がらざるをえない。▽20 かくして『愛のコリーダ』裁判は華々しく戦闘の火蓋が切って落とされたのだが、これはしかし、彼の映画をめぐっての猥褻裁判ではなくして、この映画のシナリオやスチール写真をおさめた出版物をめぐっての裁判であった。周知のとおり、『愛のコリーダ』の国内における上映にあたっては、そもそも映倫を通過させねば事実上不可能であり、したがって国内バージョンはボカシや不自然なトリミング等で満身創痍状態であった。当時、海外でこの映画を日本人観光客専門に上映する映画館があったという、笑うべきなのか憤るべきなのか分からぬようなエピソードが残されている。

「猥褻なぜ悪い」の人、大島としては、写真集『愛のコリーダ』が芸術作品だから無罪にされるべきだとは言わない。猥褻などそもそもないのだ、と彼はいう。そして、検察ないし裁判所の用意する猥褻文書禁圧の根拠に対して、種々の反論を試

▽20　以下の記述の多くは、前掲『愛のコリーダ裁判・全記録』による。

みている。すなわち「性行為非公然性の原則」なるものは、決して歴史的・社会的に自明なものではなく、むしろ日本では性に関することが古代よりおおらかに語り伝えられたことなどを説き及び、また「猥褻文書＝性犯罪煽動論」に対しては、そうした因果関係を否定する、例のアメリカの大統領特別諮問委員会報告書[▽21]などをひきあいに出して反論している。

それはともかく、おそらく大島にとって実質的には不本意であったろうと思われるのは、猥褻とされて起訴されたスチール写真等が、当時の常識から見ても大してイヤラしいものではなく[▽22]、国家権力に対するせっかくの大上段の論陣も、「猥褻というにはあたらない」という極めてそっけない裁判官の判示の前に萎えざるを得なかったということである[▽23]。この点については、後にあらためて触れることとしよう。裁判とは何かという、きわめて重要な問いかけをはらんでいるからだ。

5　造反有理？

ところで勿体振って提示しなかったわけではないのだが、サド裁判にしても『愛のコリーダ』裁判にしても、あらゆる猥褻裁判で焦点となるのは憲法の保障する表

▽21　註12参照。

▽22　大島側の証人の一人が、問題の写真集に含まれている写真は猥褻ではない、すなわちオナニーの「オカズ」にならない旨の証言を行っていることは皮肉である。Ⅰ章註5参照。

▽23　東京地判昭和五四年四月一九日判例タイムス三九八・五七、東京高判昭和五七年六月八日判例タイムス四七三・六。

現の自由である。これについて、あまり多くを語らなかったのは、憲法訴訟をめぐる後述するような無力感に筆者がすでにとらわれていたからかもしれないが、まずは気をとりなおして概観することとしよう。▽24

一般にあらゆる自由権も絶対的なものではないとされるが、憲法学の通説では、その「絶対的でなさ」にも二つのものがあるという。一つは公共の福祉からの制約を受けるような自由権、典型的には種々の財産権などである。もう一つが内在的な制約のみを蒙る自由権で、これは典型的には表現の自由だの良心の自由だのといったものである。こうした二分法を経た上で、通説は、後者すなわち内在的制約しか蒙らない自由権（精神的自由権）をより優位の保護を受けるものと措定し、これへの制約は厳密なテストをパスしなければ正当化されえないと説くのである。▽25

内在的制約とは何か。それは、人権というものが必然的に他者の人権と衝突する潜在的な可能性をもつものである以上、単に「絶対的」というだけではその保護を貫徹しえないとの認識から生まれた、人権相互の調整原理である。簡単にいえば、表現の自由などの人権に関しては、それが規制されうる状況というのは、ある人の表現の自由の行使が他人の人権を逆に侵害してしまうような場合に限られ、また規制態様も最小限度のものに限られる、という理屈である。これに対して、「公共の

▽24　以下については、たとえば佐藤幸治『憲法（新版）』（一九九〇年、青林書院）三七〇頁。

▽25　こうした「二重の基準論」に対しては法哲学者の井上達夫氏による批判があり、その紹介とともにさらなる反批判として、長谷部恭男『テレビの憲法理論――多メディア・多チャンネル時代の放送法制』（一九九二年、弘文堂）二七頁以下が詳しい。

福祉」からする規制とは、一定の政策目的達成のための規制は、その政策目的に何らかの合理性があれば許されるというアプローチを前提にしている。「盗人にも三分の理」というくらいなのだから、「公共の福祉」アプローチであれば「何でもあり」の世界であることは、一九九〇年代にあった規制緩和の大合唱▽26に抗しての規制維持論者たちの反論に目をとめれば明らかであろう。いかに時代遅れで不要な規制であっても、「風が吹けば桶屋がもうかる」式の議論をしてゆけば、終いには「公衆の衛生のため」とか「国民の安全のため」といった「公共の福祉」論にたどりつけるものなのである。

ただし、以上は憲法学での話だ。実際の裁判の場はこうは動いていない。憲法論を法廷で展開するのは「恥ずかしい」に近い雰囲気というものがある。▽27書生の議論のように響くからである。もちろんこうした雰囲気作りを心掛けてきたのは、総体としての裁判官たちであり検察官たちである。ただ、とにもかくにも猥褻裁判が提起されれば、弁護側は判で押したように、恥じらいと共にあるいは昂然と胸をそらせて、憲法論を展開し、検察側は何も聞かなかったかのように宙空をにらんでいるし、裁判官たちは書面に目を落として仕事に集中しているふりをする。異論のあるのは承知で言うが、▽28公権力を相手として闘う憲法裁判というのは実質的には死に絶

▽26　一九九〇年代は規制緩和の時代（より正確には「規制緩和論の時代」というべきか）でもあった。大した実のある改革はなされなかったとの印象があるが、それでも二〇一七年の今のモードとしては、むしろその揺り戻しとしての、再規制強化論が増しているように感じられる。

▽27　この種の「恥ずかしさ」と対峙する立場から、こういった「恥ずかしさ」を感じる人々、あるいはそう仕向ける人々への反発・反感を伝えているものとして、新井章『体験的憲法裁判史』（一九九二年、岩波書店）三〇九頁がある。

「私たちにとってこの二〇年は、いったい何であったか。それは、ひたすら新憲法をわが生命《いのち》とし、憲法をふみにじるものをわが身、わが青春をおかすものとみなし、不誠実な政府に対して『憲法を守

えたのである。▽29

6　オーバー・ザ・レインボウ

では鳴物入りの猥褻裁判という名の七色の虹の根元に埋っている宝物が何であったのかを、過去のケースから検証してみようではないか。▽30

まずチャタレイ事件では、一審で翻訳者は無罪、出版者は罰金刑の有罪であったが、二審では共に罰金刑の有罪、最高裁は二審の結論を支持した。

サド事件では、一審で翻訳者、出版者ともに無罪をかち取ったものの、二審では逆転有罪（罰金刑）である。

野坂昭如が雑誌編集長として関与した『四畳半襖の下張』事件では、一審で有罪、二審、最高裁ともこれを支持した。

『壇の浦夜合戦記』事件▽31では、一審の一部無罪が、二審で無罪の中身が狭められた。

映画に目を転ずれば、武智鉄二監督の『黒い雪』事件では一審の無罪を二審も支持したが、二審では、映画自体は猥褻であり、ただこれが映倫を通過していたため

れ』とただ叫びつづける日々でしかなかったのではないか。そして、政府支配層の『約束違反』を責めるに急なあまり、周囲の状況（の変化）に眼をそそぐことを忘れ、『自分が物心ついたときはすでにそこに憲法があり、そして大人たちの中には憲法に反感をもったり、冷たくあしらったりする人がいた』現憲法世代の登場に気づかずにきたのではなかったか。」（傍点原文）

▽28　つまりこの種の異論を代表するものとして、前掲新井がある。

▽29　一票の格差を問う憲法裁判以外には、である。

▽30　前掲『愛のコリーダ裁判・全記録（上）』冒頭の内田論文からの孫引きである。

▽31　東京高判昭和二〇年三月六日東時二六・二・二六。

に被告人には「違法性の意識」がなかったから無罪であるとした。

もっといくらでも挙げられるが、ここいらでやめておこう。いくらいってもきりがない上訴審での冷淡な仕打ち。たしかにこうした一連の敗走記録の中に『愛のコリーダ』の無罪判決をおいてみると、画期的であるということはよくわかるし、よくぞやってくれたと言ってやりたい思いもないわけではない。しかし、たとえば東京高等裁判所が下した判決では、問題となった出版物は単に「主として受け手の好色的興味にうったえ、普通人の正常な性的羞恥心を害し、善良な性的道義観念に反する」とはいえないとして無罪を宣告されているのである▽32。つまり、裁判所はチャタレイの時代と何も変わってはいないのだ。いくら言葉を重ね、証人を連ねても、裁判所は猥褻文書犯罪の憲法的問題性になど、何の考慮も払っていないのだ。その意味で、猥褻関係の裁判闘争は、ことごとく被告人側の敗北であったといっていい。

もっとも、こうした裁判所の反応は、実は被告人側の言い分をよく聞いた末に下された判決だという解釈も、おそらく多くの人のとるところであろうことは想像に難くない。裁判所政治性中立論とでもいうべき態度である▽33。すなわち、裁判所は政治紛争性のある争いには巻き込まれないことがその中立性を維持するのに必要であるから、当事者の言い分に真正面から答える必要はない、しかし結論で裁判所とし

▽32　註23参照。

▽33　裁判所は違憲審査権の行使について謙抑的であれとする立場に連なる姿勢でもあろう。

▽34　仙台高判平成三年一月一〇日判例時報一三七〇・三。事案は、岩手県議会が天皇や内閣総理大臣らによる靖国神社公式参拝が実現されるよう要望する議決を行い、その旨を陳情しに上京した際の支

ての判断を示しているのだから、それでいいのである、と。しかし果たして、裁判官の態度にこのような「理解」を示してしまってよいものかどうか。これが本当に裁判なるものの本質に合致していると言えるのか。たとえば唐突だが、一九九一年に下された靖国神社参拝「違憲」判決▽34にしても、同じ印象を受ける。判決という結論では国側を勝訴させておきながら、判決理由中の判断で政教分離を厳しく解釈している姿勢をみせて提訴側に媚を売ってみせるその戦略性。結局何ものも解決しないという点において、おそろしく無責任なこの判決は、だが典型的に裁判所というものの本質を露わにしていないだろうか。同じく、選挙区割の不合理から同じ国民でありながら一票の価値が著しく乖離してしまったことが何度も何度も憲法裁判として提訴され、多くの裁判所はこれを違憲状態と断じてはきたものの、ただ一つの裁判所も、こうした違憲状態においてなされた国政選挙を無効であるとは宣言してこなかった▽35。裁判とは、そして裁判所とは、そうしたものでいいのだろうか。

別段難しいことを要求しているつもりはないのだ。単に、議論を交されたことについては、その白黒をはっきりつけてくれ、というだけのことだ。理屈に対して理屈をもって応えないのは、「市民的な無礼」である。はっきり応えた場合の、保守反動という非難が怖かろうと、あるいは逆に「傾向判決」と批判されて裁判官とし

出が違法な支出であるとして住民訴訟となったものであるが、仙台高裁は、天皇や内閣総理大臣らによる靖国神社の公式参拝は憲法に定める政教分離原則の違反にあたり、違憲な行為であるとはしたものの、被告議員らの責任については、議員の発言や表決の対象となった議決の内容に関する法的解釈が分かれて、確定的な解釈が存在しない状況にある場合には、こうした発言や評決は、相当の根拠と合理性を有する法解釈に依拠している限り、違法と評価されるべきではないとして、結論としては請求を棄却した。

▽35　二〇一三年一一月二八日に広島高裁岡山支部は、歴史上初めて、一票の格差を理由として同年七月になされた岡山選挙区での参議院選挙の無効を宣言したが、のちに最高裁はこれを覆した。その後、選挙無効を宣言する判決は今日に至るも皆無である。

ての出世の妨げとなろうと、それは仕方のないことではないか。裁判官という職業の、それは必然である。▽36 ある理屈をどうにも言い負かせない時には、その理屈に従わなければならない。それが「ゲームの規則」というものであり、理屈を糧として生きている法曹の宿命である。それを恐れていたら、法治主義も糞もない。むろんそうした「市民的」な感覚や法治主義的論理にはきっぱりと訣別するのだという強い信念で裁判に臨んでいるなら、それはまた別論とは思うが、もとよりそんな勇ましい御仁はこの業界にいるわけがない。裁判官というものの宿命は対立する当事者の争いを裁くことにあるのだから、そもそも世界の半分を敵にまわしているのである。

刑事裁判官というものの職業倫理を疑い、その仕事に対する真面目さというものに眉を上げざるを得ないとは、こういうことだ。

7　不合理主義としての裁判

国家から自由であるアート。もとよりそれは一個の虚構ではあろう。社会というものの中に暮らす人間が生み出したものである以上、国家であれ集団であれ、何ら

▽36 「日本の裁判官の判決は、長くて細かいがわかりにくく、しかも、肝心の重要な争点に関する記述がおざなりであったり、形式論理で木で鼻をくくったように処理されていたりすることが多い」（前掲瀬木一三二頁）。

かの権力機構から完全に自由なものなどありえないのかもしれない。しかし問題は、「低俗なアート」ということに名を借りてアート以外の何物かを束縛しようという、国家という不可視の機構の魂胆だ。不可視であるというのは、そこには通常の意味での合理というものが欠けているからだ。

二つの発現の仕方がある。まずは警察＝検察というかたちでのアートへの干渉における不合理。『愛のコリーダ』事件でのカフカ的世界を彷徨する大島渚は、取り調べの過程で参考人から幇助犯に、そして幇助犯から共同正犯にと自らの罪責が加重され、対象とされる猥褻文書もスチール写真からシナリオにまで広がってゆく様を見ながら、「奇々怪々な経過」とつぶやかざるを得ない。[▽37] そして裁判の場。野蛮なケーサツ権力や悪魔のごとき検察官ならいざ知らず、温厚篤実にして教養も高い裁判官なら我々の主張を分かってくれるはずだと思って、堂々の法廷論争を展開してみると、これがあにはからんやなのだ。やっぱり裁判官は検察官の言うことを疑いもしないのだ。それでも裁判が、国民注視、マスコミ注視の中で行われる場合には、さすがに刑事裁判官も無茶はできぬとみえて、たまさか無罪判決を出したりはする。しかしこれとても前述のとおり、こと猥褻事件に関する限りは「理屈はともかく無罪にしてやろう」式の判決にすぎず、さらにこれは必ずといっていいほど上

▽37 前掲『愛のコリーダ（上）』六二頁。

でひっくりかえされる。かつては労働争議などを裁く法廷で、一審で敗れた労働側が「まだ最高裁がある」といいながら上訴審に望みをつないだというが、この言葉は猥褻裁判に関する限りは、検察側の常套句になっているようだ。

　おそらくこのままでは、猥褻裁判はいつまでたっても不毛である。▽38 もちろん筆者にいわせれば猥褻罪自体が不毛なものなのだから、不毛でない猥褻裁判とは論理矛盾以外の何物でもないわけだが、裁判というものに多少ともかかわる技術者《テクノクラート》としての本音を言わせてもらえるなら、やって甲斐ある現場、技術の発揮のしがいのある訴訟というものに最大の関心があるのだ。理屈や論理の挑戦に対して、見当違いなかたちでしか答を返そうとしない法廷という場は、まったくこの種の技術の発揮のしようがない。その意味で、刑事裁判というコミュニケーション・メディアは朽ち果てている。▽39

　だが処方箋がまったく存在しないかといえば、ないこともない。裁判をめぐる大きな不幸は、批評の不在である。むろん判例研究や判例評釈、あるいは新聞・雑誌による裁判批判やコメントは巷にあふれている。しかしこういったものでは足らないのである。学者や実務家を相手にした判例研究や判例評釈は基本的に「閉じた」メディアだ。閉じたサークルの中で、たとえばアートへの国家の介入はけしからん

▽38 「検察官　どういうことでしょうか。
竹村　印刷屋が、陰毛をとらないと刷らないといってきたんです。だいぶん事実と違いますね。それでやむをえず、それじゃ消すよりしようがないと渡辺君にいったわけで、つまり性文化の毛がないんですから、不毛というのはここから来ているんじゃないですか」（前掲『愛のコリーダ裁判・全記録（下）』二一二頁、被告人竹村一の供述より）。

▽39 「刑事系に特化した裁判官には、検察官との心理的距離がなくなりやすく、検察寄りにバイアスがかかる傾向が否定できない、公安事件等の担当が多くなることから、ことにそうした事件については予断を抱きやすい、被疑者、被告人に対する偏見が強くなりがちである（被告人のことを語る際に、『奴ら』、『あいつら』といった言葉を用いる裁判官はかなりの

と論じあい、またそのことが当然の常識となっていても、それは大きな意味をなさない。批評とは、そして「運動」とは、その内在的な力で常に外に向かって走り出すものでなければならない。それこそが、批評や「運動」における規制緩和であり自由競争というものではないか。閉じたサークルにおける批評・批判は、裁判官が自らの良心にのみ従って裁判をするという格好の虚構に身を委ねながら、最高裁判所事務局という行政機構の方を向いて裁判を運営するのを側面から手助けするだけだ。新聞や雑誌による裁判批判はたしかに裁判官たちの顔を束の間世間に向けさせることはできるかもしれない。だが、彼らをして、内向きにではなく外に向かってその本来の仕事を遂行させるためには、不断の批評活動が必要であり、しかもそれが内向きに閉じないためには知的な興奮に満ちたものでなければならない。そのことがおそらく裁判官自身をも救うこととなる。▽40 裁判官は憲法で身分的な独立を保障されている存在だが、これは彼らが裁判所という行政機構の方を向いて裁判をするために与えられたものではないのだ。従来的な、紋切型の言説ではない、新しい裁判の批評の言葉が、いま求められているのだ。

数みかけた）など、国民、市民の人権を守るという観点からするとむしろマイナスの要素が出やすいことも考えておく必要がある」（前掲瀬木七〇頁）。

▽40 「司法部というところは、政治、行政、それから経済というものの能動的な作用について無関心であるわけで、絶縁されているんだということが明治以来の動かすべからざる信条、信念、司法権というものの観念になっていたわけですね。［……］今は、それじゃどうなっているかちょっと私も判断しかねるのですが、一つには、いわゆる外部からの圧力ないしは干渉というものが懸念される、その外部的な力、まあ勢力といいますか、そういうものの質がひょっとすると変わってきているかもしれない［……］」（「裁判所の今昔――近藤完爾氏の講演」『あるべき裁判をもとめて』〔一九八二年、判例時報社〕四六一―四六二頁）。

8　批評はどこにいるのか

猥褻裁判をめぐってずいぶんと遠いところまで来てしまったようにも見える。だが、猥褻なる観念が国家から提示された命題である以上、これはどこまでも権力の問題から逃れられない問題だ。そして「猥褻」が直面を余儀なくされ最終的にその認定を委ねざるを得ない機関が裁判所であるならば、それについて考察することはどうしてもやむを得ないものだと思う。

おそらくは想像がつくとは思うが、猥褻をめぐる問題の多くは、従来は左翼系弁護士と呼ばれる一群の人々が中心となって、実務的に対処してきたものが多いと思われる。誇りをもってでもなく恥じらいをこめてでもなく告白するが、筆者はこういった「運動」型の活動を行ったこともなければ、現在の仕事からみてこれからもおそらくないだろう。▽41 ただ、べつだん東ヨーロッパとソビエト連邦の崩壊、あるいは五五年体制の瓦解に便乗していうわけではないが、閉塞した猥褻裁判を変えるには、やはりパラダイム転換が必要だと思う。国家権力との対決性のためではなく、あるいは自己の政治的信条とも無関係に、アートそれ自身のための、新たな闘争体制の確立こそが求められているのではないか。そしてそれは紋切型を免れた、しな

▽41　実際、一九九四年当時のこの予言は当たっていた。

やかさに満ちた批評こそが担うべき役割ではないのだろうか。
本章を閉じるにあたり色川幸太郎裁判官に登場願おう。彼はチャタレイ事件当時の最高裁の裁判官であったが、そのリベラルな姿勢はチャタレイのみならず、彼の扱ったあらゆるケースに及んでいる。彼がチャタレイ事件判決での少数意見として残した次の言葉こそが、いまもって音色なき音を発しつづけるモノリスである。従って本章は、色川裁判官に対して謹んで捧げたいと思う。

たとえ低俗な娯楽作品であっても、およそ娯楽が大衆社会における必須の要素である以上、（娯楽のない社会がいかに索莫たるものであるかは多言を要しない。）そこに何がしかの社会的価値を認め得るのであるが、文芸作品にいたってはなおさらであって、質と量においては作品によってそれぞれ差異はあるにしても、そこに社会的価値の存在することは何びとも否定し得ないところであろう。▽42

▽42 サド裁判最高裁反対意見より（判例時報五六九・一七）。

Ⅲ

越境の規則

——税関という名の超絶理論体系

1　国境を越えて

図1　テオ・アンゲロプロス『こうのとり、たちずさんで』(1992)

ギリシャとその隣国の境を流れる河に架け渡された長い長い橋のたもとで、あたかもこうのとりを真似たかのように一本足でたちずさむ名もなき俳優のあくまで緩慢な動きと〔図1〕、それに呼応して静かに銃を身構える対岸の国境警備隊の映像の中に、人は、映画監督テオ・アンゲロプロスの投げかけた、ギリシャ現代史の不幸と民族主義の理不尽な台頭という解決不能の現代的問題なるものを読み取ることになるわけだが[▽1]、かくも重く象徴に満ち満ちた話題を自らの周辺にまといつかせずにはおかない「国境」という「問題」は、しかし、果たして今日本当に取るに値するものなのであろうか。国境なるものにこめたアンゲロプロスの思い入れは、い

▽1　『こうのとり、たちずさんで』(一九九二年、テオ・アンゲロプロス監督)。

ささかメロドラマティックにすぎるものがあるのではなかろうか。▽2 本章はこうした問題意識から発して（唐突ながら）猥褻の問題を扱いたい。

国境を越えるとき、人はさまざまな事象に直面することとなる。パスポートの呈示を求められる。ブラックリストへの掲載の有無が確認される。パスポートには有効なビザのスタンプが押されていなければならない。無愛想な入国審査官ににっこりと微笑んでやらなくてはならない。さて、一般に自由な物事の流れを妨げるものを障害と呼んでよければ、国境とはこの種の障害に満ち溢れた場所だ。そしてこれから語ってゆきたい国境にまつわる話題とは、人ではなく物の流れをせきとめる、税関というものの存在だ。「障害」という言葉自体にはことさらに非難めいた価値判断を含めたつもりはない。ブロックと言い換えてもいいし、弁といってもいい。要するに、交通をいったん停止させて振り分けを行う機能を「障害」と言い表したまでである。

2 税関の修辞学

税関という政府機関の存在理由は、別段、物の流れに障害を設けることそれ自体

▽2 二〇一七年現在から振り返れば、国境の問題は、典型的にはEU地域においていったんは「取るに足らないもの」となり、それはEU以外の地域においても、いわゆるグローバリズムの流れの中で相対的に意味が薄められたが、ドナルド・トランプ現象（アメリカ＝メキシコ国境の壁問題）やEU内でのテロや移民問題の激化の中で、再びその象徴的な意味を高めてきている。

にあるわけではないことは、いまさら指摘するまでもない。ただ、その字面からも明らかなように、この機関は関税という名の税の徴収に歴史的な意義のある役所なのだ。関税というかたちで、国外から入ってくる商品に余分なお金を支払わせるのである。その意味で、これは商品の自由な流れに対する障害を構成する。それが「善いこと」か「悪いこと」かは、またどういう場合に「善いこと」となりどういう場合に「悪いこと」となると言えるかは、いわゆる通商法的な話題の範疇に属する問題であって、ここでは特に問題にするつもりもない。[3] ところで、税関の仕事においては、どんな商品でも関税さえ払えば通すというわけではないことは、たとえばコメの関税化をめぐる議論[4]で多くの人の知るところだろうと思う。金さえ払えばいいというわけでない一群の商品があるわけだ。その典型が輸入禁制品と呼ばれるものである。[5]

関税法第六九条の一一は、次のようなものを「輸入してはならない貨物」として定めている。[6] すなわち、大麻等の麻薬、爆発物、偽造紙幣、知的財産権の侵害物品、そして「公安又は風俗を害すべき書籍、図画、彫刻物その他の物品」である。輸入禁制品に該当する物品に対しては、「公安又は風俗」および「児童ポルノ」についてはその旨の通知が税関長から輸入者になされることとされており、それ以外のも

▽3　アメリカであれば、これはいわゆる通商法マターとして、それ専門の弁護士などによりワシントンDCを中心に活発に実践のなされている分野である。

▽4　一九九四年当時も、そうした議論が活発だったわけだ。ドナルド・トランプによって梯子をはずされた、いわゆるTPP条約における日本の主要な懸案も、やはりコメであったことは記憶に新しい。

▽5　因みにコメはここにいう輸入禁制品とはいささか性格を異にし、関税法のほか、食糧法によっても規制されていることは注意すべきである。

▽6　かつて、この条文は関税定率法に置かれ、その名称も「輸入してはならない貨物」などという腑抜けたものでなく、輸入禁制品というスッキリしたものだったが、それはさておき、本書の関心からは、本文中に記述する「公安又は

のについては税関長は、これを没収して廃棄処分にするか、積み戻しを命じることとされている。これらはいわゆる行政処分と称されるものであり、これとは別に関税法第一〇九条では、これら輸入禁制品を輸入した者には刑罰を課するとしており、これは刑事処分である。

最後の「公安又は風俗」云々を除いては、輸入禁制の理由は素人にも比較的分かりやすい。「公安又は風俗」についても、「公安」はともかく「風俗」の方についてはその禁制品たる理由は、あなたは分かりやすいというかもしれない。要するに、裏本裏ビデオの世界でしょ、とあなたは考える。そういったものが輸入禁制になるのは当然ではないか、と。たしかにこの風俗云々の物品に「裏本裏ビデオ」の類が含まれることは否定はしない。だが果たして、あなたの思っているほどに、「裏本裏ビデオ」の類を税関で没収することはたやすいことなのだろうか。あなたの屈辱にまみれたあの瞬間を思い出して欲しい。そう、成田空港で並みいる乗降客を前にして、不必要なまでに高だかと宙に掲げた摘発物件たる『プレイボーイ』誌を手に、これみよがしの説教をたれる税関吏に対して、赤面しつつ、しかしなんでこんな目にあわなければならないのかと小声でつぶやいたことのあるあなたに、だからこのささやかな論考は捧げられるのである。▽7

風俗を害すべき書籍」とは別条で「児童ポルノ」を「輸入してはならない貨物」として特定しているのが目を引く。

▽7　ネットポルノをごく簡単に視聴できる今日、このような光景はまことに稀なものとなっているとしか言いようがなかろう。因みに昭和の男子たる筆者においても、幸か不幸か、かかる体験には浴していない。しかし断言するが、昭和の男子たるもの、数少ない海外旅行の折に、かの地でエロ雑誌などを購入して、それをスーツケースの底に入れた状態で、ドキドキしながら税関吏の前を通った経験が一度ならずあるはずである。

ただし、こうしようではないか。世上知られているように、「裏本裏ビデオ」等の猥褻物件の取締りというものは、表現の自由等とのからみで問題が多い▽8。何が猥褻かということをめぐっても、その基準のあいまいさが議論を呼んでいる。しかし、その点は前章で検討したので、ここではそういった猥褻プロパーの問題にはあえて踏み込まない。あくまで、「猥褻物品の税関検査」なるもの自体の問題性をつまびらかにしたいと思うからだ。猥褻プロパーはプロパーとして重要ではあるが、他の章との重複もあるので、ここでは猥褻物件は所与の前提として猥褻であるということにする。あなたが国内に持ち込もうとしているその『プレイボーイ』誌の中身が「いたずらに性的羞恥心を刺激し云々▽9」のものであることは、何ら争わないこととするのだ。水中縄抜けマジックの芸人のように、「猥褻性を争わぬ」とする手かせ足かせをはめられながら、果たしてあなたは首尾よく公権力を相手にして、合法的に『プレイボーイ』誌を国内に持ち込みうるのであろうか。

3　ケーススタディ

およそ行政処分というものはその当否を事後的な司法審査にかけることができる、

▽8　猥褻規制の憲法上の適合性を論じた最も一般的な文献としては、たとえば、樋口陽一ほか『注釈日本国憲法（上）』（一九八四年、青林書院）四六八頁以下、芦部信喜編『憲法Ⅱ　人権1』（一九七八年、有斐閣）五一四頁以下などがある。

▽9　チャタレイ事件最高裁判決以来、我が国の裁判例は、「猥褻」を次のように定義する。すなわち、それは「徒らに性欲を興奮又は刺戟せしめ、且つ普通人の正常な性的羞恥心を害し、善良な性的道義観念に反する」ことをいうとされている。

というのが、法治国家なる制度における原則である。法治国家、すなわち「人」によってではなく「法」によっての支配が貫徹した国家とは、いいかえれば、法のもとの平等、民主的な統治システムが妥当する社会ということであるから、これを担保する装置としての裁判所なる機構が重視されるのである。ここでは、司法権の行政権に対する相対的優位というものが観念されているわけだ。[10] であるから、『プレイボーイ』誌をふりまわしながら居丈高な態度を崩さぬ役人に対して、どうにも我慢できなくなったあなたは、突如として反撃に出ることを選ぶというのも、法治国家における国民の当然の権利行使としてまったく無理からぬところかもしれない。興奮したあなたは腕まくりなどしつつ、やおら叫ぶのだ。上等じゃねえか、お白洲の前にでて、どっちが正しいか決着つけてもらおうじゃねえか。

ところで反撃の前に知っておかねばならぬことは、ひとしきり善良な道徳の擁護者を演じてみせた税関吏は、おもむろに一通の書面をあなたに示して署名を求めるという事実だ。[11] これは所有権の任意放棄書と称するものである。すなわち、あなたはこれに署名することで、件《くだん》の『プレイボーイ』誌の所有権を誰に強制されることもなく放棄したことになる。雑誌そのものの所有権が放棄されれば、税関としては「輸入してはならない貨物に相当する旨の通知」という行政処分を発動する必要は

▽10　たとえば、杉原泰雄『憲法Ⅱ——統治の機構』(一九八九年、有斐閣)三五九頁。

▽11　土本武司「ポルノ税関検査」(判例時報一〇五四・三以下)。

なくなる。任意放棄がなされればもちろんその物件は廃棄されることになりはしようが、それはここにいう行政処分ではない。単にゴミを捨てるのと同じである。ただ残念なことに、「どうせ捨てるならウチのごみ箱に捨ててくれ」といっても、そうしてはくれないのだけれども。つまり任意放棄書にサインをした場合には、あなたは税関の措置を司法上審査する基盤を失うのだ。なぜならチェックすべき行政処分がそもそも存在しなかったことになるからだ。

さて、こういったことをよく理解しているあなたとしては、任意放棄書への署名をかたくなに拒み、あくまで正式な手続として「輸入してはならない貨物に相当する旨の通知」をしてくれるよう要求することとなろう。あなたとしては、この処分が不当違法なものだときちんと反撃する機会を得たいのだから。やがて税関吏はこうした通知を宣告することとなる。それは書面によるのか口頭によるのか、あるいは雑誌を返還しないという態度によるものかは、行政行為論の見地からはともかく、ここではさして重要ではない。▽[12] あなたはこの瞬間から、税関長の行った通知処分の取消を求めて、晴れて裁判所に出訴する適格を得たのである。何とめでたいことではないか。▽[13]

もっとも別の争い方もある。猥褻文書の輸入を強行した上で、その後敢えて自首

▽12　実際のところ、改正前の関税定率法（つまり現行の関税法に組み込まれる前の関税定率法時代の、その旧法時）については、行政法上議論のあるところであったという（同右）。

▽13　実際にはもう少しややこしい。行政訴訟、すなわち行政行為の取消を求める訴えは、すぐには提起しえないことになっている（関税法九三条）。すなわち、まずは上記の通知がなされ、かつこれに対する再調査の請求（同八九条）がなされ、それに呼応して審議会等に諮問がなされ（同九一条）、そうした審議会等の裁決を経て、やっと訴訟を提起しうるのである（同九三条）。一九九四年当時と比べると、若干迂回路が減ったようだが、基本的には「お役所的いやがらせの構図」に変化はない。

して、関税法違反の刑事処分を争うという方法である。▽14 ただし、この場合には罰金等の刑事制裁を受ける可能性もでてくるので、あまりお奨めとは言い難い。それに、せっかく持ち帰った『プレイボーイ』誌も、警察に押収されてしまい、無罪が確定するまで返してもらえない。

ところで一体この通知処分のどこが不当違法なものなのか。むろん、そもそも猥褻なるものはあってはならない概念であって、表現物は猥褻なものも猥褻でないものも無差別にすべからく解禁すべきであるというのは一つの立場である。この場合、猥褻規制それ自体が、憲法の定める表現の自由を代表とする基本的権利を侵害した法制度であると主張することになる。だが先に課したルールを思い出して欲しい。ここではそれは言いっこなしにしたのだ。それが何であれ、我々としてはこの無修正『プレイボーイ』誌が「猥褻物」なるものであることを、戦略的に受け入れることとしよう。従って、あなたがこの空想上での国家権力との戦闘で使うことを自らに許した武器は、税関検査という固有の制度に向けられたものに限られているのだ。

さてこうした武器の在り処をさぐるために、刑法という基本的な法典をひもといてみたい。猥褻関連の犯罪を規定するのは、刑法一七四条以下であるが、いわゆる猥褻文書系の犯罪は一七五条に規定されている。▽15 これによれば、猥褻の文書等を

▽14 後掲註43記載の裁判例を参照のこと。

▽15 因みに刑法一七四条は公然猥褻罪、一七六条は強制猥褻罪、一七七条は強姦罪を規定している。

「頒布し、又はこれを公然と陳列」することが犯罪になるとしているのだ。▽16 さらに「有償で頒布する目的で所持」しても同じく犯罪になるとしている。だからここから結論づけられる極めて単純な帰結は、刑法では、猥褻文書を有償頒布の目的なく所持すること、たとえば個人の楽しみとして所持することは犯罪とはしていないということだ。▽17 つまり、個人的な趣味として猥褻文書と目されるものを所持していても、それは自由だということだ。これはなぜなのか。刑法の猥褻犯の処罰趣旨が何であるかについては、いろいろと議論が多いところだが、なぜ有償頒布目的以外の所持が違法とされていないかについては、それが社会一般に対する影響が少ないからだとか、違法性が薄いからであるとか、説明されている。▽18 筆者であればさしずめ、そうした所持行為を処罰することが個人のプライバシーの侵害になるからだ、と説明するだろう。▽19

それはともかくとして、ここで考察すべき問題は、刑法が犯罪を構成せずとして許している猥褻物件の所持行為が、なぜ関税法では規制（すなわち事実上の禁止）され、かつその輸入行為が犯罪を構成するとされているのか、という命題である。人は素朴にこうした疑問を抱くはずであり、また抱くべきであり、素朴な疑問こそがすべからく法律解釈というものの出発点であるべきなのだ。

▽16 より正確を期せば、これに加えて「電気通信の送信により猥褻な電磁的記録その他の記録を頒布」することも、同罪が成立すると規定されている。

▽17 このことは別段筆者の新発見でも何でもなく、通説判例の認めるところである。

▽18 たとえば、国内ではなく国外で販売する目的を持っていた場合に刑法一七五条の成立を否定した判決に関しては、賛成説からは、販売目的が可罰性を基礎づける要素であるとの評価を受けている（大塚仁・河上和雄・佐藤文哉編『大コンメンタール刑法』第7巻〔一九九一年、青林書院〕五四頁）。

▽19 プライバシー権を「自己決定の自由」と解するとき、猥褻情報を自己の意思においてコントロールすることも、こうしたプライバシー権のうちに含まれることになる。そして優越的地位にある精神的自由権として、他人の人権と

4 水際の魔術師

おそらくこうした素朴な疑問に対する最初の素朴な回答は、刑法と関税法とではその性質が違うのだから、異なる規制があっても何ら不思議はない、といったものではなかろうか。刑法とは、この国に住まう人々が最低限従わなければならない、ナショナルミニマムとしての行動遵則を定めたものだから、それへの違反は刑事罰をもって担保されている。それに対して関税法は、どういった物品がこの国に持ち込まれるのが好ましくないのか、という観点から規制を及ぼしているもので、違反に対しても廃棄処分や通知処分（事実上の輸入禁止処分）という行政処分が発動されるだけである。また関税法が違法とするのは、猥褻物件を持ち込んだことを非難してのことではなく関税法が違反されたことへの非難にすぎない、などなど。かみくだいて言えば、無修正の『プレイボーイ』誌を取り上げられて通知処分を受けたとしても、あなたは履歴書の「賞罰」の欄にこうした事実を書き込む必要はいささかもないのだし、▽20 輸入を強行して捕まったとしても、それは猥褻物を入れたことへの非難ではなく、関税法に従わなかったことへの形式的な非難だ、というわけである。

だがこうした議論を果たして鵜呑みにしていいものだろうか。こうした議論が前

の衝突のない限り、それは絶対的に尊重されるべき人権であるから（本書六九頁参照）、こうした所持は許されなければならないとの結論になる。

▽20 実際には、たとえば行政処分にすぎない運転免許停止処分をも、こうした「賞罰」のひとつとして考えているむきもあるようだけれども。

提にしているのは、行政処分と刑事処分の峻別論だ。[21] しかし、規制を受ける側にとって、その性質が刑事処分であろうと行政処分であろうと、「猥褻情報を享受できない」という効果の面においては何ら異なるところはないのだ。

形式的刑事犯であるとの理屈についても、たしかに公務執行妨害罪のように、国家権力の権力作用そのものを保護する法制度はあることはあるが、その領域においてすら「違法な権力行使」に対してこうした保護を及ぼすことは否定されているのである。[22] 従って、上記のような形式的な峻別論を今日とる者は少ないようで、この種の議論は時代遅れなものと言うべきだろう。

次に出てくる議論は「水際規制論」ともいうべきものである。その代表的な言説は、以下のとおりである。

わが国内において猥褻文書等に関する行為が処罰の対象となるのは、その頒布、販売及び販売の目的をもってする所持等であって（刑法一七五条）、単なる所持自体は処罰の対象とはされていないから、最小限度の制約としては、単なる所持を目的とする輸入は、これを規制の対象から除外すべき筋合いであるけれども、いかなる目的で輸入されるかはたやすく識別され難いばかりでなく、流入

▽21 後掲の税関検閲刑事事件は、こうした刑事＝行政の二分論に立っているが、皮肉にも刑事手続においてはそれを被告人の利益に解すべき旨を説いている。

▽22 「公務執行妨害罪が成立するためには、当該公務員の職務執行が適法なものでなければならないというのが判例・通説である」（大塚仁ほか編『大コンメンタール刑法（第二版）』第6巻〔一九九九年、青林書院〕六七頁）。

した猥褻表現物を頒布、販売の過程に置くことが容易であることは見易い道理であるから、猥褻表現物の流入、伝播によりわが国内における健全な性的風俗が害されることを実効的に防止するには、単なる所持目的かどうかを区別することなく、その流入を一般的に、いわば水際で阻止することもやむを得ないものといわなければならない。[23]

これは昭和五九年に最高裁の大法廷で下された判決の多数意見の中で言及されたものだ。この事件は猥褻文書の輸入に関する「通知」処分をめぐっての行政訴訟の裁判であり、従って関税定率法（当時の輸入禁制品の根拠法令）の解釈を主題とするものだ。ここでの判示を要約すれば、単純所持目的のものを輸入禁制品とすることは、最小限の制約としては行きすぎかもしれないが、所持の目的を識別するのは困難であり、いったん猥褻文書が国内に入ってしまえばその流通を阻止することが難しいから、こうした水際規制が許される、ということだ。以下に明らかにしてゆくが、こうした論理は「水際の魔術師」とも称しうる、摩訶不思議なマジシャンのロジックによって構築されている。

ここでまず問題としたいのは、この判示において前提としている考え方が、「表

▽23 最（大）判昭和五九年一二月一二日判例時報一一三九・一二。

現に対する制約は必要最小限のものでなければならない」という憲法原則[24]と適合的なのかどうか、という点だ。「最小限度の規制云々」とつぶやいているあたり、一応こうした原則を意識しているフシはうかがえるが、果たして本当にこの原則に依拠しているのだろうか。これについては、この判示をみてもよくは判らないし、またこの部分の判文の前後をみても、定かではないのだ。思うにこれは、裁判所がよく使う玉虫色の文章というやつの一つで、どっちにも解釈できるように書いていながら、結局は何もいっていないのと等しいという、お得意の「お役所のディスクール」である。いやむしろこうした文章の場合、読み手としてはその結論を重視せざるを得ない。ここでの判示としては、純国内法としては許容される行為でも、これを水際の税関で規制するのは許されるとの結論を明確にとっているのであり、結局「最小限度の規制云々」の部分は、判決を評する際に憲法学者のよく使う「リップサービス」(=結論に影響を及ぼさない傍論)であることが、よく判ろうというものである。

そして次にこの判決のあげる実質的な規制容認の理由の検討に移るが、まずは所持目的というものの立証の困難性(規制側の視点からいえば、反証の困難性ということ)であり、次に国内における猥褻規制の実質的な実効性の確保ということである。だ

▽24　基本的人権といわれる各種の人権の中でも、財産的権利と精神的権利とが大きく分かれ、後者の規制はより厳しい合憲性の審査に服するというのが通説判例の考え方である(本書六九頁参照)。

が果たしてこれらは、本当に、税関において内国実体法を超える規制を維持しうるとする理由たりえているのだろうか。これらについて次に検証してゆきたい。

5 「目的」を求めて

まずは輸入者の輸入目的の探知困難性ということだが、ここでの根本的な疑問は、たしかに目的という内心の事象については一般的には立証が難しいとされているが、しかし法律の世界にはこうした目的を構成要件に組み込んだものがいくらでもあるということであって、目的探知の困難性なるものが、本来なら「規制の対象から除外すべき筋合い」の所持行為をも取り締まる税関規制を正当化する根拠たりうるのかということだ。刑法の世界で講学上「目的犯」という名で呼ばれる一連の犯罪は、▽25たとえば営利「目的」の誘拐と単純誘拐とで刑期に差があるというようなかたちで、内心の動機の立証責任を原告＝国家側に負わせているものだが、別段そのことが原告側にとって根本的な足かせになっているという話は聞いたことがない。「目的」の立証は必ずしも純粋な内心の状態の立証を意味するものではなく、外部に表れた事象によって内的な動機を立証するという、誰にでも納得しうるやり方において遂

▽25 「目的犯」としては、たとえば営利誘拐罪の他に背任罪などがある。

行されているまでだ。▽26

むろん犯罪の捜査と税関における検査とは違う、ということはよく判る。何十人もの捜査員と多大の時間を投入して行われる犯罪事実の立証と、たった一人の税関吏が数十秒の間に察知しえねばならない犯則事実の把握とが、全く異なるということは理解できる。しかし、それならば、税関の通知処分を裁判上争った場合に客観的に明らかにされる輸入目的に対しては、なぜ税関吏の下した瞬時的な判断を覆す余地が与えられぬのか。▽27 たしかに一人の税関吏に輸入者の内心の動機たる輸入の「目的」の判断を瞬時に行わせるというのは、あるいは酷となる場合がありえないではないかもしれない。しかし、彼が第一次的に「販売目的の所持の疑いがあるから輸入禁制品としての通知処分が相当である」と判断したことに対して、後の裁判の中でこうした目的がなかったことを輸入者において反証しえたのなら、遡って輸入は認められて然るべきではないか。こうしたことを許さぬとする硬直的な判断の背後にある考え方とは、行政府の下した判断は基本的には争ってはならないという思想があるように思えてならない。▽28 輸入目的の識別困難性をいいたてるのであれば尚更、それが司法手続を経て明確になった場合には、その明確になった目的こそが尊重されるべきなのだ。

▽26　たとえば身代金を要求する手紙によって誘拐における営利の目的を認定する、というように。

▽27　こうした余地が認められぬとする理論的根拠とは、あるいは「行政行為における裁量的性格」という行政法上の独特の性格から来ることかもしれない。つまり、法律による行政という原則のもとにあっても、一定の行政行為については行政庁側に裁量権が委ねられている、との理屈である。だが、内国実体法と手続法が矛盾し、しかも筋論として前者が優先されるべきだと最高裁大法廷までもが言っておきながら、なお裁判上明白になった「目的」について行政庁の判断を確定的なものとするのは、おそらく右の行政裁量論からは説明がつかないことであろう（南博方・原田尚彦・田村悦一編『新版行政法(1)——行政法総論』（一九八六年、有斐閣）一六〇頁）。

▽28　つまり、ここでの理屈とは、

さらには、本当に猥褻文書の輸入の「目的」なるものが、容易には判り得ないものなのだろうか。それは多くの場合、法的な詭弁にほかならない。心臓をドキドキさせながら税関を通り抜けようとするあなたのスーツケースの中には、無修正の『プレイボーイ』誌とおそらくはより過激な『ハスラー』誌などが各一冊ずつ入っているわけだが、普通の常識的な判断としては、これが有償頒布目的の所持であるとは誰も思わないはずだ。数冊のエロ雑誌を、いったい「有償頒布を目的として」海外から持ち帰ったりするだろうか。いったんは国内に持ち込んだものを、あるいはあなたは、知人や古本屋に売ってしまうこともあるかもしれないが、そうした可能性を指して「有償頒布を目的として所持している」という認定をするとすれば、それはどこか非常識で歪んだ認定、ためにする認定であると思う。こうした解釈がまかり通るとすれば、あらゆる単純所持行為は「有償頒布目的の所持」という認定になってしまうが、そのことが明文に反することはあえて論ずるまでもない。

さらに、税関検査の問題は、単に猥褻物規制の問題のみならず、全体としての税関規制それ自体の面からも考察されて然るべきだ。それは知的財産権侵害物件の輸入の規制という面との整合性の点検なる視点に我々を誘う。

「裁判をした結果、輸入者には有償頒布の目的がなかったことが判明したが、しかしだからといって、限られた時間の中で税関吏が『この男は有償で頒布するかもしれない』と考えて、輸入禁止の通知をしたことは、さかのぼって違法ということにはならない」といったものである。

6　エルミア・ド・ホーリィ作

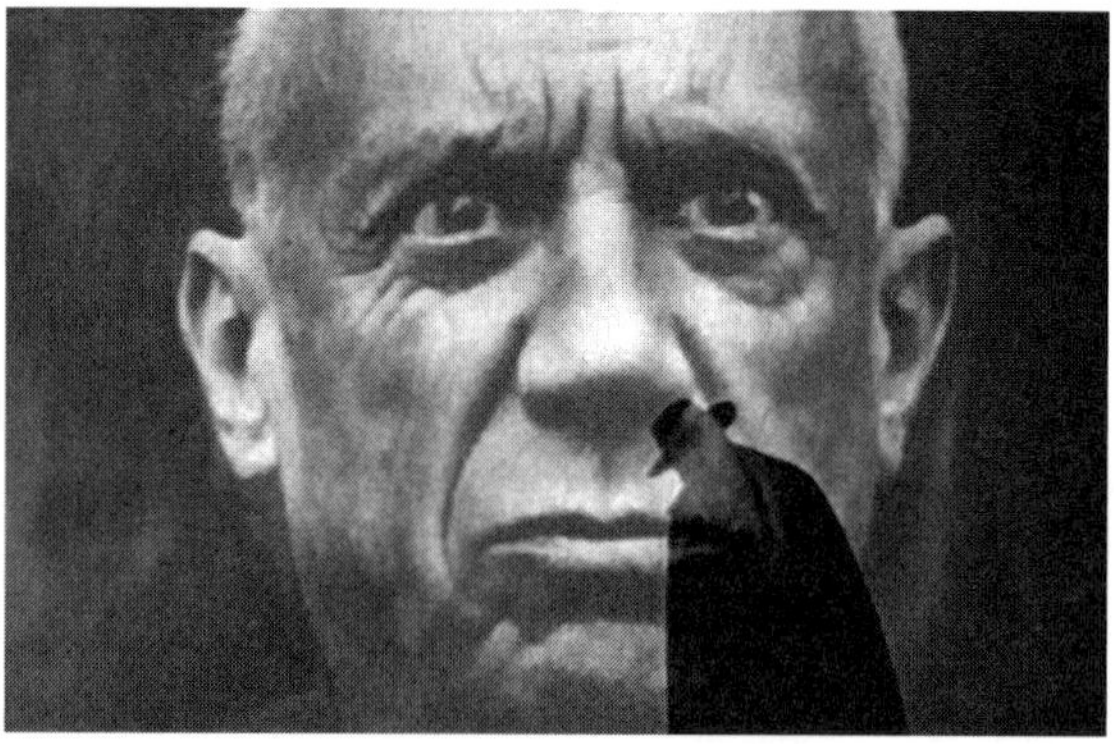
図2　オーソン・ウェルズ『フェイク』(1975)

オーソン・ウェルズの映画『フェイク』(一九七五年)〔図2〕やクリフォード・アーヴィングの評伝[▽29]で世界的に有名になった「贋作」画家、エルミア・ド・ホーリィは、あくまで公式には、自分の「贋作」絵画は有名画家たちの無害な「模写」であるという態度を取り続けていた。すなわちこれらの「贋作」は、自分の画業の修練のために過去の名作を模写してタッチを学び取る過程で生み出された純然たる副産物にすぎないという。それがたまたま何かの拍子に流出してしまい、本物と偽られて取引されたとしても、それは自分にはまったく関わりないことだ、というわけである。こうした弁解がどこまで通用するかどう

▽29　クリフォード・アーヴィング『贋作』(一九六九年、早川書房)。

かは本稿のテーマとは関係がない。ただ一九九二年に報道されたニュースにおいて、エルミアの描いたこうした「贋作」絵画が税関で輸入禁止の措置を受けたことが、猥褻物輸入規制との関係で興味を引いたまでのことだ。[30]

さきに見たように、税関における輸入禁制品としては、猥褻物件とならんで知的財産権の侵害物品というものがある。エルミア作のこの絵画は、これに抵触したものであろう。ところで、知的財産権侵害物品についても、猥褻物件における刑法一七五条との抵触・矛盾関係（すなわち、国内実体法では違法とされていない態様の所持を手続法たる関税定率法＝現行の関税法が事実上禁止する措置を下しうるとしていること）[31]のようなものが、同じく存在するのだ。というか、存在していた、というのが正確なところか。関税法では輸入の目的を問うことなく一律にこれらの侵害物品の輸入ができないものとしているが、たとえば著作権法では、「国内において頒布する目的をもって、輸入の時において国内で作成したとしたならば著作者人格権、著作権、出版権又は著作隣接権の侵害となるべき行為によって作成された物を輸入する行為」を著作権や著作隣接権の権利の侵害とみなすとしている。[32] つまりここでは、「国内頒布目的」がなく問題の物件を輸入しようとしても、内国実体法上著作権の侵害とはならないとされているのだ。加えて、著作権法では著作権侵害物件を単に所持する

▽30 『日本経済新聞』一九九二年一一月一九日。

▽31 関税定率法全体がいわゆる手続法であるかどうかはともかく、改正前の同法二一条が、知的財産法や猥褻の実体法との関係において、手続法であることは異論のないところであろう。

▽32 著作権法一一三条一項。

こと自体は侵害であるとも違法であるとも言っていない。特許権、商標権についても、同様の「目的」による絞り込みがなされている。

だから先の猥褻物件の税関検査での私見をここにあてはめるとすれば、仮にエルミア・ド・ホーリィの「贋作」絵画の輸入を差し止めることが税関吏にできるとしても、それは後の行政訴訟裁判の中で輸入者側が「国内頒布目的」がないことを立証（おそらく訴訟技術的にいえば原告＝輸入者側でそうした目的がなかったことがいちおう推認される事実の存在を主張することで、被告＝国家側が逆にそれがあった旨を立証するということになろうか[33]）すれば、輸入はなしうるという結論に至るべき筋合いのものだ[34]。そしてこれまた猥褻物件における税関吏の対応の仕方とパラレルに考えれば、税関吏は輸入時にはいちいちの「輸入目的」などは探知しようがないから、一律に取り締まる、というのが現実の運用になるかに思われてしまうのだ。

ところで、こうした知的財産権の輸入に関しては、右のような予想に照らすとイレギュラーと評してよい動きがなされた。関税局通達「知的財産権侵害物品の取締りについて」（蔵関五一九号、平成四年六月五日）と題されたいわゆる通達においては、「輸入者等の個人的な使用に供されるもの、その他の業として輸入されるものでないもの」が明示的に、知的財産権の侵害とはならないものとして「留意」するよう

▽33　何かが不存在であるとの立証は「悪魔の証明」などと呼ばれ、訴訟法上は無理難題とされている。
▽34　先に見たとおり、実際には、訴訟の中で「国内販売目的」がなかったことが立証されても、税関吏の当初の処分は正しかったとして、猥褻文書の輸入は認められなかったわけだが。

指定されたのである。[35] そしてこれが別段わが国のみの特殊な傾向ではないことの証拠には、ガットＴＲＩＰＳ協定の水際規制条項においても、「旅行者の携帯荷物、小口委託貨物で送られた非営利的性格の少量商品」については適用除外とするものとしている（同六〇条）のを見れば明らかだ。

何が言いたいかはもう判るだろう。知的財産権侵害物件は、「旅行者の携帯荷物」程度のものであればお目こぼしにあずかろうというのに、どうして猥褻物件となると急に「一冊たりとも入れるまじ」とマナジリを決してしまうのか、ということだ。むろん、知的財産権侵害物件についての税関の扱いがおかしいと言っているのではない。「有償頒布目的」とか「販売目的」における輸入以外は禁止しないとしている内国法からすれば、この通達の目指す線は妥当なものと言うべきである。「旅行者の携帯荷物」程度のものが、こうした「目的」とは無縁であることは自明の理だからだ。ところが、なぜに猥褻物件となると、エロ本の一冊たりとも、エロビデオの一本たりとも許すまじ、といった反応になってしまうのか。これじゃあまるでコメの輸入は一粒たりとも許すまじ、みたいなもので、理屈も何もないじゃないか。

こうしたことに対する反論はおおむね予想できる。善良な性風俗の維持という公

▽35 同通達第四項参照。

共的な政策目標と知的財産権という私的な権利保護とは、その程度において別段の差異があって然るべきだ云々といったものだろう。▽36 だが、そうした考慮に基づいて法律の規定の仕方を変えるというのならともかく、規定上全く差異を設けていない「輸入禁制品」について、全くの行政庁側の判断で、一方については厳格な適用をし、他方については緩やかな適用をするというのは、法治国家という概念の否定でなくして何であろうか。しかも前者については、そうした厳格な適用が憲法違反の疑いがあるかもしれないと、最高裁によって疑義が提起されているというのに、である。

いいかげんにはっきりと認めたらどうなのだろうか。ボクたち国家権力は猥褻物を見ると、あられもなく興奮するのです、と。猥褻物を見ると、体の中からわけの判らない衝動が湧いてきて、頭の中がまっしろになり、自分で自分をコントロールできない状態になってしまい、気が付いてみると『プレイボーイ』誌を鷲摑みにして虚空に向かって白い唾を迸《ほとばし》せながら喚きまくっているのです、何がなんでも取り締りたくなるのです、と。取締当局＝法執行当局という名の、まさに男性原理そのものを具現化した機関が、ひとたび猥褻物を前にすると前後の見境もなく怒張した男性性器を自ら模倣してしまうのは、いかにも芸のない振る舞いというべきではな

▽36 ところでこれは税関が実際にこう反論しているというわけではない。筆者が親切にも税関になり代わって考えてあげた反論である。

いだろうか。だがこうした、いささか慎みを欠いた想像をめぐらせて、取締側における態度（いや性的傾向とでもいうべきか）なるものを想定してでもみぬ限り、知的財産権侵害物件と猥褻物件の規制をめぐるこうした隔たりは、合理的な説明のつかないものとしか言いようがないのだ。

7 木星のかなたに

最後に先の最高裁判例のあげている、内国規制の実質的な実効性確保という理由、つまりポルノ雑誌の持ち込みを認めるとそれが国内で流通してしまうとの理屈がどれほどのものかを見て行くこととしよう。

まず、この論理の立脚しているおおもとの根拠は、ある望ましい結果Aを招来するためには手段Bが本来的には望ましいものではなくても許される、ということだ。普通、この種のロジックが成立する前提としては、結果Aが非常に重要な達成目標であり、かつ望ましくないとされる手段Bがやむを得ないもの（言い換えれば必要最小限のもの）であるというのが、最低限のところだろう。[37] こうした検証作業を怠っている点で、すでにしてこの判示は問題があると思われるが、さらに次の点に着目

▽37 少なくとも基本的人権の制約を伴う手段Bの場合、こうしたロジックの正しさは一般に承認されているものといえよう。

したい。

すなわち、いわゆる水際規制によって本当に「善良なる性風俗」は守られるのだろうか、あるいは水際規制なしには「善良なる性風俗」なるものは危殆に瀕するものなのか。

これは二つの面から考察される。第一に、いかに多くの海外旅行客の存在する御時世とはいえ、観光客の持ち帰るようなたかだか一人あたり数冊のポルノ雑誌によって、こうした性風俗の紊乱現象が起こるとするのは、どう考えても針小棒大的な思考としか思われない。もしもその気になれば、猥褻写真など、ポラロイド写真を使ってどんな個人にでも制作が可能なのだ。▽38 お望みであれば、ホームビデオカメラによる「裏ビデオ」も、ここに数え上げてもいい。こうしたものを制作したり、所持したりということは個人のプライバシーの領域のもので、そうした写真なりビデオなりがどう処分されようと、刑法に違反せぬ限りは個人的良識に委ねられるべき筋合いのものだ。むろん今の日本でそうした良識を期待できるかと言われればあまりできはしまい。▽39 しかし、そうした現実をも含めて、それは我々が選択してしまったことであり、責任をとるべきなのは個人たる我々だ。抽象的な政府なり官僚なりといったものに、断じて規制の旗振りなどを担わせるべきではない。我々は我々自

▽38　デジカメがほとんど普及していなかった一九九四年当時としては、自宅に現像装置などを持たない一般人にとって、フィルムカメラを現像するにはカメラ屋さんに出さねばならず、それをせずに済む唯一の方法はポラロイドカメラによる撮影であった。
▽39　このあたりの記述は、期せずして、二〇一七年の今日の状況（たとえばリベンジポルノなど）も視野に入れているようにも読める。

身の意志の決定権を簡単に他人にわたすべきではない。

第二に、水際という言葉に象徴的に示される国境意識とでもいうべきものは、果たして今日どの程度の重みをもっているのだろうか。たしかに国境は古来、人と物が往来する場所であり、ここを通ってでなければ何物も一つの国から別の国へと移動することはかなわなかった。だが、今日、物の比重は相対的に低下しつつある。かわって情報という名の新しい価値が、物理的な国境とは無関係に、ある国から別の国へと往来しているのだ。すなわち、海底ケーブル回線や衛星回線をかけめぐる電気信号というものが、ことに出版物の分野における「物」にとってかわろうとしているのだ。

たとえば一九九二年に発売されたマドンナの写真集“*SEX*”の日本版に関連して、税関の検査をすりぬけた原版があったとの疑いが提起されたことがある。[▽40] しかしこれにしても、もしもデスクトップパブリシング（ＤＴＰ）処理が施されて、写真や写植も含めてすべてが電話回線経由で電送されたものであったならば、対税関との関係では何の問題も起こらなかったはずである。当然のことながら、電話回線の中の「情報」や「信号」に対しては、税関はいかなる意味でも規制権限を及ぼせないのだ。[▽41] このようにして、税関とはまったく関係のないところで「善良な性風俗」は

▽40 「ヘア」を含めて、マドンナの過激なポーズの写真を満載にした写真集として、当時大きな話題を集めた。

▽41 関税法六九条の一一や同法一〇九条は「貨物」を問題にしている。

日々刻々と「風化」されてゆく。それも、観光客の持ち込むポルノ雑誌などとは比べものにならない組織的な規模によってである。それでは、こうした電話回線の中を流れる「猥褻情報」を国家はよく規制しうるのであろうか。おそらくは否、であろう。ここには「通信の秘密」という名のさらに大きな憲法上の関門が待ち構えているのだ。税関検閲における大義名分など、かくもはかないものである。

そう、そういう時代なのである。観光客の持ち込む数冊のポルノ雑誌を汚れた下着の中から血眼になって捜し回るうちに、時代というものは確実に進展してゆくのである。ここまで書いてもなお汚れた下着に徹したいというのであれば、それも結構、何ごとにも道を求めずにはおられない日本人気質というものなのかもしれないが、しかしながらそれははた迷惑と税金の浪費であるということを、ここではっきりと指摘だけはしておきたい。

8　結びにかえて

ちょっとした規模の選挙になると「おかまの」という接頭詞を自らの名前につけて出馬する、一部の人々の間では有名なさる人物がいたが、彼はまた本章の主題からいっても非常に興味深い裁判の刑事被告人をも務めている。[42] 彼は、猥褻との認定を受けた、男性同性愛を主題とするビデオを携帯荷物とともに国内に持ち込もうとして、いったんは見つからずに税関を通過したものの、連れの者が同種のビデオを税関にて発見されたために、その直後に検挙されたというのだ。すなわちこの事件は、先の昭和五九年の最高裁大法廷判決とは異なり、関税法一〇九条違反という刑事事件であるところが注目される。

平成四年に言い渡された東京高裁の判決で彼は無罪を勝ち取ったのだが、[43] その判決におけるロジックはこういうことである。すなわち、関税法一〇九条にいう「関税定率法二一条一項に掲げる貨物を輸入した者」[44] とは、個人観賞のために猥褻物を単に所持することを目的として輸入した者を含まないとしたのである。その理由とするところは縷々述べられているが、憲法上の考慮や「刑罰法規の謙抑性」などに加えて、おおむねこれまで論じてきたところと重なるものである。筆者の立場から言えば当然の判決で、遅きに失した感すらあるが、検察側は先の昭和五九年大法廷判決との齟齬を理由に最高裁に上告したもようである。この平成四年東京高裁判決が大法廷判決とは異なる結論を取るに際して用意したロジックは、行政手続と刑事手続では基準が異なって然るべきである、ということだった。ただそう解してしま

▽42　今となっては自分でも誰のことを書いたのか分からなくなり、ネット検索をしてみると、これは東郷健氏のことであった。

▽43　東京高裁平成四年七月一三日判例時報一四三二・四八。

▽44　すなわち、二〇一七年現在の条文に言い直せば、「(関税法)第六九条の一一第七号から第一〇号までに掲げる貨物を輸入した者」と読み改めることになる。

うと、税関で見つからない輸入には何のお咎めもないが、見つかると刑事制裁はないものの事実上の没収ということになるのだろうか。苦肉の結論をとった東京高裁の英断には拍手を惜しまないが、やはり根本的な解決にはまだ遠いように思える。この判決に対して最高裁はいまだ結論を出していないようだが、筆者の立場にとってはあまり面白くない結果になるのではないかと危ぶんでいる。▽45

　さてそろそろ本章の総括をしてみたい。一体に我々はどこにいるのだろう。本章を含めて本書が対象としているトピックは天下国家とは何の関係もない、単なるエロ写真やエロビデオのことだ。「たかがエロ写真」である。だが、どうにも我慢できないのは、こんなに取るに足らないものなのに国家はかくも糞まじめな対応をしてくるということであり、それがかくも筋の通らない論理をふりかざしているということだ。取るに足らないものだからどうでもいいじゃないか、という考え方は、だからこの国では決定的に間違っていると思う。取るに足らないものにすらまっとうな対応ができないで、どうして「天下国家マター」にまっとうな対応ができるというのだろうか。ポルノ雑誌のようなものに対する国家の反応の仕方は、この国の政治過程において観察される非論理性を象徴している。論理や政策を持たぬ政治家、自らの論理のみを至高と考え討論や対話による検証を拒む官僚、そして自己責任原

▽45　手前味噌になるが、この予感は見事に的中した。旧版出版時の一年後に下された、最高裁平成七年四月一三日（判例時報一五三一・一七）は、昭和五九年最高裁判決を踏襲する理由で、原判決を破棄し、事件を東京高裁に差し戻した。

則を厭う民間が、よってたかってこの国を今ある姿にしたのではないのか。ポルノ雑誌の持ち込みを解禁することでこの国がドラスティックによくなるとは思わない。しかし、これまでのような論理にもならぬ論理でこれを禁止するようなことがまかり通るのならば、確実にこの国家はさらなる退廃を余儀なくされるのではないだろうか。

こうのとりを模倣する国境の橋の男の過剰なメロドラマ性は、かくて廃棄されなければならない。我々は、一個の物理的存在としての国の境と、物質的につきあっていかねばならない。雄弁術の祖国ギリシャであればいざ知らず、少なくとも、いまだ論理の誕生をみていないこの国においては。

Ⅳ

自主規制の政治学——映倫の存在理由《レーゾンデートル》

自主的であるということは、何にせよ心地よいことではないか。人に無理強いされるのではなく、自分から進んで何かを行うこと、または行わないこと。法律が命じるからでもなく、拳銃を突きつけられたからでもなく、あなたはあなた自身の意志と良心によってのみ、行動を起こしたり起こさなかったりするのだ。セルフガバナンス、すなわち自立的な個人の意志をこそ中核にした西欧近代民主主義の礎にのっとったこうした行動原理に、あなたは何の疑いも持たぬに違いない。だが、西欧近代それ自体が崩壊の危機に瀕し、これに代わるべきイデオロギーが模索されようというこの現在において[▽1]、自主的であることの魔ともいうべきものについて、あなたはいま少し意識的であってもいいのではなかろうか。

ここに自主規制という名のある種の行動制約原理がある。本来ならば何かを行う権利があるのに、それをあえて自らの選択によって行わずにおくという振る舞いである。それは、大は対米自動車の輸出数量の自主規制といったものまであるものだが[▽2]、決まってちらつく影として、政府に代表される「規制したい側」の意向というものがあるのだ。しかし事態は単にそれだけではない。「規制をされたい側」の論理というものも、またあるのだ。すなわちそれは、建前としては、不確実な「一〇〇%の規制」を避けるために確実な「一二〇%の規制」を是とする論理である。だ

▽1　一九九四年のそうした「現在」に加え、さらには、グローバリズムが壁にぶち当たり、イギリスがEUを離脱し、アメリカにドナルド・トランプ政権が生まれ、安倍晋三が第四次内閣を組閣する二〇一七年のこの現在において。

▽2　一九九四年当時はこうしたものが政治的アジェンダだったのが、いまや再びトランプ政権の誕生によって、再度真面目に議論されつつあるのが不気味といえば不気味である。

が果たしてそれは水増しされた「一五〇%の規制」を招き寄せていはしまいか。

自主規制とは何か、それは政府規制ないし警察規制と呼ばれる強制的な規制との間でいかなるダイナミズムを描くのか、こうしたことを猥褻物規制に関するいわゆる映倫コードの成立と運用を例にとりながら考察するのが、以下の論考である。

1 映画法の時代から占領軍下へ

日本における映倫誕生の前史をたどると、それがアメリカ映画における自主検閲機関の誕生と奇妙な一致を見る点で、そして乖離を見る点で、なかなかに興味深い。それは次のようにして始まる。

映画の内容について規制を及ぼしたいという欲望は、ほとんどその生誕と同時に芽生えるのである。これを具現化したものとして、映画が日本に初めて登場してから映画法の成立までは、府県単位の地方行政機関による検閲がなされていたという。[▽3]これは当然ながらまちまちの判断を生み出すため、配給会社側としては統一的な検閲制度をむしろ望むところとなり、昭和一四年(一九三九年)の映画法[▽4]の成立とともに、内務省による全国レベルでの検閲制度が発足する。ここでは、規制を受ける側

▽3 沢村浩「映倫の機構と機能の実態」(『ジュリスト』五〇四号〔一九七二〕六七頁)。

▽4 昭和一四年法律第六六号映画法。

が積極的に規制にコミットしようという動きが、まずは興味深い。これに対してアメリカでも事情は似たようなもので、ここでは合衆国という性質上各州がそれぞれに規制権限を発動する点が、配給会社の悩みの種であった。だが、その結果生まれたものは日本とは大きく異なる。すなわち、アメリカでは政府による検閲機関が誕生したわけではなく、プロダクション・コードと称する自主ルールが一九三〇年に作られ、それが今日のレーティング・システムへと受け継がれてゆくのである。▽5

いずれにおいても、検閲の理由としては猥褻性ということの他に、暴力性などをも問題にする事前審査であったが、日本ではこの他に「皇室関係」という独特の思想統制があったとされている。▽6 猥褻性のみの観点からすれば、全国一律ではなく地方ごとに猥褻性が判断されるべきであるというのが有力説であることを考えると、▽7 むしろビジネスとしての理由が優先しての統一的規制なるものが、ほぼ時を同じくして日米両国でスタートしたことになる。

ところで映画法なる法律に簡単にふれておくべきだろう。昭和一四年に成立し、敗戦とともに昭和二〇年に廃止されることとなるこの法律は、その名称とは裏腹に、別段映画の保護を主要な立法目的として作られた法律ではいささかもなかった。全条で二六条というこの短い法律は、しかし、製作と配給は国家の許可事業とし（二

▽5 Richard S. Randall, "Censorship: From The Miracle to Deep Throat" (Tino Balio ed., *The American Film Industry*, The University of Wisconsin Press〔1985〕at p.510). 因みに、プロダクション・コードは当初、「やって悪いこととやるのに注意を要すること（"Don'ts & Be Carefuls"）などと俗称された。

▽6 前掲沢村六七頁。

▽7 たとえばアメリカなどでは、猥褻性の基準は地域社会におけるそれが適用されるのだとされている。日本でも猥褻の概念が社会通念によるとされている以上、それは必ずしも全国一律のものではない可能性がある。

条）、興行についても「命令を以て映画興行者に対し国民教育上有益なる特定種類の映画の上映を為さしむることを得」（一五条）という、映画への包括的かつ全面的な統制法規であった。この法律はまた、政府による外国映画の種類や数量制限を認めたり（一二条）、官吏の臨検（二〇条）などを定めているが、検閲については一三条、一四条にその規定がある。前者は輸出用映画の検閲であるのに対し、後者が国内での上映のための映画への検閲である。ここでは、「映画は命令の定むる所に依り行政官庁の検閲を受け合格したるものに非ざれば公衆の観覧に供する為之を上映することを得ず」と規定されていたのである。

こうした内務省検閲は敗戦と占領軍による統治によって必然的に消滅することになるのだが、代わって登場するのが占領軍による検閲であり、そこでの主眼が封建主義賛美や旧思潮擁護に対する抑圧であったことは、今や著名な歴史的事実であろう。チャンバラ映画や「忠臣蔵」の映画が作れなかったといったエピソードが語られる時代のことである。この時期における猥褻規制（と言えるかどうか心許ないが）の特徴は、むしろ占領軍当局によって積極的にキスシーンや性的表現を映画に取り入れるべきことが奨励されていたことである。[▽8] ただしそこでいう「性的表現」とはこの時期の一連の娼婦物映画（溝口健二の『夜の女たち』、マキノ正博の『肉体の門』（ともに

▽8　占領下における検閲については、映画評論家平野共余子の『天皇と接吻――アメリカ占領下の日本映画検閲』（一九九六年、草思社）に詳しい。

一九四八年）など）に代表される題材としてのセックスであって、その描写自体は、ハリウッド的なプロダクション・コード以上にセックスを容認するものとは想像しにくい。実際当時の映画を観ても、当然ながら、あからさまなセックスが描かれているようなものにはお目にかかったことがない。

こうして映画法下における政府による検閲から敗戦後の占領軍検閲を経た昭和二四年、はじめて日本に自主規制組織としての映倫（正式には日本映画連合会の映画倫理規程管理部）が誕生するが、しかしその運営にあたったのが各映画会社からの代表であってその中立性に疑問が投げかけられたこと、外国映画会社側が映倫の審査に服さなかったことなどから、機構改革が重ねられ、昭和三一年末に新たに映倫管理委員会として再スタートすることとなった。▽9

2　規制される側の論理

ところで映画業界は、自主規制機関としての映倫まで作って、なぜ自ら進んで規制の枠をはめようとするのか。無邪気に考える限り、誰も自分の行動を束縛しようとは思わないはずなのだが、どうしてこうした事態が生じるのか。ここではこうし

▽9　前掲沢村六八頁。

た規制される側の論理を見ることとする。そしてそれは、必然的に規制する側の論理の歴史的な検証からスタートすることとなろう。

(1) 規制する側の論理

現在でこそ、表現の一様式としての映画に対して表現の自由等の憲法的保護が及ぶことに対して、ほとんど何の疑問も抱かれてはいないが、その草創期においてはそう簡単な話ではなかった。天皇制のもとに極度に限定された法治国家体制をしく日本はもちろんのこと、市民的自由権の分野では日本を先導するかに見えるアメリカにおいてすら、映画にとっての事態はさほど楽観的ではなかったのである。たとえばアメリカでは、映画は、それが私利追求を目的とした大規模な製作・配給・上映システムによって遂行されるということを理由に言論の自由を享受しえないとする判決が、映画と検閲という問題を決定的に支配し続けた[10]。それは一九五二年に反対の趣旨の判決[11]が出されるまで、半世紀近くも映画業界に君臨していたのである。日本においてはさらに、この問題についての表現者としての権利意識は旧憲法下の映画製作者において希薄であり、映画の検閲等の規制に対して強く抵抗する基盤がなかったことが指摘できよう。ただし、次の点は指摘しておくべきだろう。アメリ

▽10　映画は「純粋かつ単純なるビジネスであって、〔……〕一国の言論の一部ないしは世論の機関とみなされるものではない」とされていた（Mutual Film Corp. v. Ohio, 336 U.S. 230〔1915〕）。
▽11　Burnstyn v. Wilson, 343 U.S. 495 (1952).

カではいざ知らず、日本における映画の国家統制においては、映画製作者＝映画会社の側で全面的にこれにアレルギー反応を示したかといえば、そうでもない節もあるのだ。たとえば先の映画法における一八条であるが、ここでは「不正競争の防止に必要なる事項」について政府は包括的な命令を発しうると規定している。すなわち、現状のいわゆる業法における需給調整による新規参入規制の例にもれず、映画法は映画事業を国家統制におく一方で、その業界における既得権者たちを官許の独占のもとに庇護する機能すら演じていたらしいのだ。▽12

それはともかく、規制する側の論理の問題に話を戻すとすれば、まずは日本における旧憲法下での論理を検証しようとしても、これはいまやあまりに古びていて、ここで論ずる実益がほとんどなかろう。一言でいえば思想統制であり、おそらくは規制のためのことさらの論理などは必要としてはいなかったと推測される。だがそれにしても、日本における映画検閲のごく初期の時代に、検閲は「犯罪上の模倣を招き、社会的不安を募らせるという憶測」▽13のために発動されたというような記述を見るにつけ、やはりそこには単純な思想統制のみでは語れないものがあることが見てとれ、映画表現と検閲というものの緊張関係を思わずにはいられない。

近代的な意味での検閲の理論的な基礎は、アメリカ、そしてアメリカの憲法を移

▽12　旧版出版当時の一九九〇年代は、規制緩和の大合唱がなされては、それが挫折したものであったが、規制緩和論者たちが目の敵にしている典型的な政府規制の条項が需給調整条項と呼ばれるものであることは、周知のとおりである。つまり、政府が民間の競争激化から既存業者の共倒れを防ぐという建前によって、新規参入をシャットアウトするものである。映画法においても、それはかくの如く健在であった。

▽13　前掲沢村六七頁。

植した戦後の日本において、一応の確立を見たといってよかろう。そこにおける規制理由として最も安定的な根拠は、青少年の保護ということである。すなわち、猥褻規制を含めた、映画等の表現物への公権力による事前審査を諾《うべな》う論理としては、表現を送り出す側の自由と、表現を享受する側の自由とを尊重する必要があるから、ある表現が犯罪の教唆に当たるとか他人の名誉を明白に毀損するとかいった場合を除けば、それをぎりぎりのところで調整する原理としては、未成年者の保護くらいのところにしか持ってきようがないのである。▽14 すなわち、判断力のある成人については不快なものや猥褻なものを見ても、それを承知の上のことならば何も問題にすべきことはないが、判断力の不十分な未成年者は、その判断力の成熟するまで見る物をコントロールしてやる必要があるという理屈である。

ところで、日本の戦後における映画の事前審査も、アメリカのプロダクション・コードにしても、それは公権力による審査制度ではない。しかしここにおいても、事前審査を肯《が》んじる理由の重要なものは、この青少年の保護にあるのである。それは一つには歴史的なところにも理由があるように思える。

アメリカにおける映画の事前検閲を求めた最初の運動は、児童への悪影響を問題としたものであった。▽15 これは後に宗教団体の支持を得て急速に巨大化し、それに従

▽14 本書「プロローグ」およびV章を参照。

▽15 内藤篤『ハリウッド・パワーゲーム——アメリカ映画産業の「法と経済」』(一九九一年、TBSブリタニカ)一六八頁。

って政治圧力団体化するのである。こうした動きに呼応して行政府が州レベルでの検閲機関を作り出すという事態に対応するかたちで、映画界側では自主規制機関を作りはじめるというプロセスをたどった。[▽16] この点、日本では果たしてこういった「草の根」的な動きが前提となって検閲がはじまったとは、およそ想像しづらい。「皇室関係」を問題にする検閲は間違いなく上からのものだったにちがいない。

因みに、事前検閲＝センサーシップなるものが何故に映画においてのみ採用されたのかは、これも決定的な理由が不明である。戦前の日本では書籍や新聞についても検閲はあったのでこのようには言えないが、アメリカでは先にふれたとおり、映画は表現の自由の埒外とされていたから、形式的にはそのためであると説明がつくのだが、何故実質的に考えて映画なら検閲してかまわないとされたのかは、実は謎が残る。[▽17] 以上が規制する側の論理であるが、この中にも散見されたように、規制される側の論理がこれに対置されることになる。

(2) 規制される側の論理

アメリカにおいて何故に映画産業側が自主規制を望んだかといえば、それは第一に政府による規制、ことに州単位の細切れの規制を嫌ったためであることは既にふ

▽16　前掲 Randall at p. 511.

▽17　すぐれて二〇世紀的な産物である映画は、たとえば著作権法などでも伝統的な著作物とは異なる扱いを受けている。それは本質的に産業的な著作物であり、また伝統的な著作物とは異なり一人で作り上げられるということが希である。

れたとおりだ。もしもそれが実現してしまえば、州ごとに様々でありうる規制基準を残らず満たさねば全米での映画公開はおぼつかぬこととなり、映画配給事業に大きな支障がでることは必定である。そしてこうしたこと一切の背後には、政府規制は、映画に表現の自由はないとする前記最高裁判決がある以上どのみち避けられないという諦念があったことは注目すべきである。前述のとおり、これは一九五二年に覆されるまでは支配的な法であった。むろん他の理由として、宗教団体等からのボイコットへの恐怖も、自主規制受け入れのインセンティブである。

これに対して日本における戦後の自主規制受け入れの動機というものは、いまひとつ明白ではない。検閲の禁止をうたった新憲法のもとでは、戦前の内務省検閲のごときものはありうべくもない。その意味で、一九五二年以前のアメリカにおけるように、「自主規制をしないと政府規制に縛られてしまう」という前提はないのだ。ただ、むろん青少年対策という意味で検閲的な事前審査に政府が依然として強い関心を示していたことは事実のようではある。都道府県レベルでの条例の制定によって「有害映画の指定」がなされ映倫審査の強化徹底の圧力が加えられていたという。▽18しかしそうであるならば、映倫の審査は対青少年対策としてのみなされるというのが論理的な帰結のはずである。しかしながら、次に掲げるような倫理コードは果た

▽18　映倫発足当時は、アメリカ映画はすでに本国でのプロダクション・コードに合格済みである以上あらためて日本の映倫審査に服する要なしとして、これに従わなかったところ、『暴力教室』（一九五五年、リチャード・ブルックス監督）の封切りに際して青少年対策上好ましからずとしてPTAらが騒いだ。また、日活の『太陽の季節』等の太陽族映画がいずれも映倫通過済みではありながら、母親達に衝撃をもって受けとめられたといったこともあった。これらの動きを受けて、昭和三〇年五月に鳩山総理大臣は「勧奨文」をもって日本映画連合会に対し、外国映画に映倫審査を受けさせるよう勧奨すること、配給業者および興行者が映倫未審査の映画を配給・上映しないよう勧奨すること、を要望した（前掲沢村六八頁）。

して青少年対策としてのみのものなのかどうか。

- あらゆる国の国旗、国歌及びそれに準ずるものの取り扱いに注意する。
- 正しい社会通念を否定しない。
- 正当な職業を蔑視しない。
- 裁判への信頼を損なうような表現をしない。▽19

つまりどうしても勘繰らざるを得ないのは、青少年保護という名のもとに、意識的か無意識的かは知らないが、全面的な「自主」規制が求められているのではないか、ということなのだ。誰が求めているのかといえば、おそらく曖昧な答えしか返っては来るまい。何となく昔からそうであったからとか、その方が世間の通りがいいからとかいった答えだ。これらを乗り越える根拠が果たして呈示しえるであろうか。

もちろんそうした根拠は存在するのだ、とどこからともなく声は響きはする。そして、とてもかしこまった調子で次のような見方が披露されるのだ。

▽19 おそらくこうした日本流の「やって悪いこと」と「やるのに注意を要すること」の羅列の中に、かつて筒井康隆が提起した差別語言い換えの問題性、メディアの過剰な自主規制の問題が明らかに芽生えていることに気づく者も多かろう。

映画と社会風俗との密接な関連性、映画の社会風俗に与える影響の重大性にかんがみ、関係業者が、映画全体の品位を高め、文化的水準を向上させ、社会の健全な風俗の維持に協力するとともに、とくに刑罰法令を通じて国家権力の介入を招くおそれのある性表現に関し、性に関する思想表現の自由を最大限に擁護しつつその濫用をいましめることを主たる目的とする自主規制を行ない、自主規制の水準をみたさない、品位を欠き社会の健全な道徳水準を害する映画の業界における上映を自主的に排除する措置をとるとともに、警察、裁判所に対しては、自主規制に合格した作品について刑法の適用の問題が生じたときには、自主規制機関の判断を尊重し、官憲が独自の判断に基づいて権力的に介入することを控えるよう要請する、というものである。▽20

すなわち、簡単にいえば、自主規制によって法律よりも一般的には厳しいレベルでの審査を行うことを前提として、「たまたま芸術観、性に関する思想の相違などから、刑法にふれるような映画が自主規制をパスして上映されることが生じたとしても、取締りに当たる警察当局は、せいぜい自主規制の結論に対して異論を唱えて自主規制機関の注意を喚起するに止め、自主規制機関の判断を尊重して敢えて司法

▽20　藤木英雄「映倫事件をめぐる法律問題」（前掲『ジュリスト』所収五七頁）。

手続に訴えない」というイミューニティ（免責領域）を創造することこそが、自主規制の妙なのだということである。[21] なるほど言いたいことは判る。だがここで引用した文章の論者も続けて記すように、これは「映倫の自主規制の実態がどのようなものであるかは別として、すくなくともその理念は右に述べたような性格のものであるべきである」ということにすぎぬものだ。こうした見方を「どこからともなく響く」「とてもかしこまった声」と評したのは、聞くだに理想的に響きすぎるものだからである。こうしたものを、ここでは一応、理念型としての自主規制と呼ぶことにしよう。

だがこの「理念」の中にすらすでに表れているように、またそれが「規制の実態」への懐疑を生むもととともなっているのだが、自主規制が法律によるスタンダードよりも高いかどうかというのは一体誰が判断し、また何によってそうした高い基準を維持すべく担保されているのか、という疑問がまずただちに生じるところだ。これに対する一つの答えは、審査委員の良識と世論の声ということにはなろう。いわゆる旧映倫が映画会社の代表からのみ構成されていたことが非難を浴びて、その中立性に疑問を投げかけられたことについては、先にも記した。また、いかに社会の構成員を公平に反映した審査委員であっても、その判断について社会的非難が起

▽21 同右。

これれば、より厳しいスタンダードを採択せざるを得なくはなるだろう。しかしここで生ずる根本的な疑問は、そのようにいわば社会の気分に左右される審査ボードを持つということが、果たして本来の自主規制機関の担うべき役割なのだろうか、ということである。刑事法的な意味における「猥褻」概念はたしかに社会通念の変化により変化しうるとはされているものの、[22] その最終的な判断権者は、裁判所という名の堅固な判定装置である。自主規制機関を、いわばカジュアルなかたちでの準猥褻性の判断機関と位置づけたい気持ちは判らないではないが、それはかなり困難なことでもあるのだ。

さらに、そもそも自主規制機関の判断にこうしたイミューニティ（免責特権）を与える根拠が何かということも、もうひとつよく分からない点である。映倫は純然たる民間機関である以上、通常の考え方ではこれは難しいのだ。「映倫と警察とのあいだに映倫審査の結果の尊重につき明確な協定があり、かつそれを裁判所がはっきり承認する旨が判例法として確立する」ことが、こうしたイミューニティの前提とされているが、[23] これは後述のとおり、現実は全くこのようには進行していない。

つまりはこういうことだ。一体映画の自主規制機関を作り上げ維持してゆくという論理的な意味は、本当に存在するのだろうか。

▽22 たとえば、『四畳半襖の下張り』事件最高裁判決（最判昭和五五年一一月二八日集三四・六・四三三）。

▽23 前掲藤木五八頁。

3 『黒い雪』からにっかつロマンポルノへ

(1) 許されざる者――『黒い雪』事件と映倫

それのみが原因とは言わないが、ジャンルとしてのピンク映画ないしポルノ映画と称される映画の隆盛と衰退は、映画それ自体が他メディアとの間で有する相対的な力関係のバランスによって決まることが多い。たとえばアメリカであれば、一九四八年を境にして映画産業の凋落が始まる。それは短期的には同年出されたメジャー配給会社各社に対する最高裁判決のせいではあるが[▽24]、中長期的には、この年から本格化する新興のテレビメディアのためである。[▽25]すなわち、映画の作り手側としては、テレビと有効に競争できるタイプの映画とは何かを模索し、その一つの、そして単純な答えは、家庭では見られない娯楽の提供、つまりエロい映画ということになるのである。同じことは日本でも起ったわけである。

武智鉄二監督の『黒い雪』[図1]は脚本段階から映倫で議論が繰り返された末、いったんは「合格」の判定を得て一九六五年六月五日に有料試写として封切られたが、その直後に映倫側は右の見解を覆し、「同映画の一般公開に際しては、同社(日

▽24 いわゆるパラマウント最高裁判決では、大手映画各社が、製作・配給・上映の垂直的統合組織として機能していることが、独占禁止法上問題があるとして、上映機能の分離を命ずるところとなった。

▽25 前掲内藤一九〇頁。

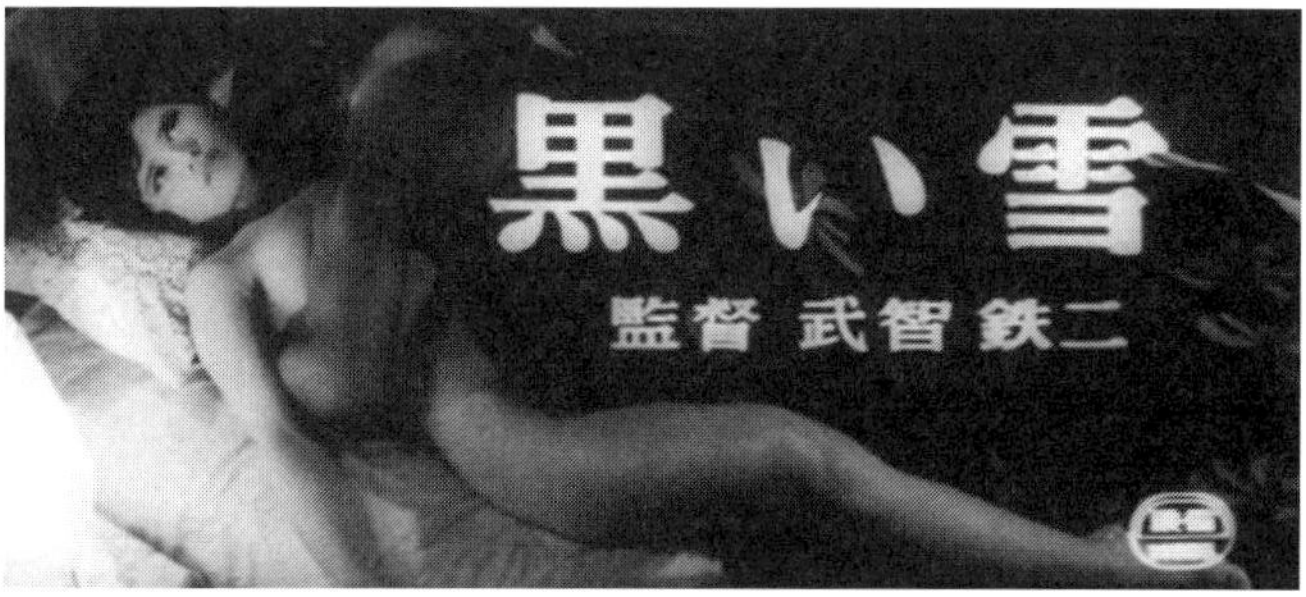

図1　武智鉄二『黒い雪』（1965）

活）で自主的に、その一部（映画倫理規程中の性および風俗に関する事項に抵触する部分）をカットしてもらいたい旨の申入れ」を行った。これに応じて日活側は急遽カット作業をした上で、『黒い雪』の一般公開を行った。にもかかわらず、映画の配給会社である日活の配給部長と、監督であり製作者の武智鉄二が猥褻図画公然陳列罪に問われたが、問題とされたのは、一般公開版ではなく、有料試写版の方であった。▽26

　映画産業史的な関心からこの事件の背景として注目すべきは、『黒い雪』が日活の配給ではあるものの、その制作になるものではないということだ。つまり、この映画は武智監督のプロダクションが企画制作したものであって、日活はその配給上映権を「買った」にすぎないのである。その理由として判決の事実認定の中で挙げられているのが「当時同社の労働組合の賃上げ闘争の影響で自社作品の製作が

▽26　東京地判昭和四二年七月一九日判例時報四九〇・一六以下。

おくれており、上映番組に支障をきたさないようにするためには他社作品の買い入れが必要であると予想されていたこと」などのためであったという。この時期には、スタジオの制作能力にすでに陰りがさしてきたのだ。

ところでこの事件の結末はといえば、一審では映画『黒い雪』が猥褻ではないとの理由で無罪を勝ち取ったものの、二審では映画は猥褻だが被告人において「猥褻性の犯意を欠く」との理由で無罪とされたのであった。これは後述のように、映倫の位置付けをめぐる重大な認識の差から生じた結論の違いなのであり、それは後の「日活ロマンポルノ」事件への伏線でもあった。

それでは『黒い雪』事件において、映倫＝自主規制機関という論点について一審と二審の二つの裁判所はどういうことを言っているのであろうか。一審では、映倫が「沿革的には、しだいに映画産業関係者からの独立性を強めているものと考えられるのであって、本件審査当時まで、映倫管理委員会が映画倫理の確立につき自主的な規制機関として果たしてきた役割は高く評価されるべきもの」であるとして、映倫が理念形としての自主規制機関に近いものであるとの評価を下している。▽27 これに対して二審はどういっているか。これは自主規制機関としての映倫に対して相当に突っ込んだ物言いをしている点で注目に値するものなので、いささか長い引用に

▽27 同右二一七頁。

はなるが、ここに引くことにする。

> しかし、記録によれば、映倫管理委員会の真摯な努力にもかかわらず、その意図が全面的に具体化されたとは認めがたい節もあり、また、その審査結果について社会的な一応の信頼をえているとはいえ、ときに厳しい批判を招いたことも前記のとおりであり、常に、すべての映画について全面的な信頼をうるまでに立ち至っていないことも否定できない。このことは、当裁判所において直接映写して取り調べた映画その他世上一般に公開されている映画の中にも、社会通念上その公開を一般に是認すべきものとは解しがたいような映画の介在することに徴しても明白であり、にもかかわらず、今日に至るまで、本件映画以外には公訴の提起をみなかったという事実は、前記のような憲法的事実の経過に由来する映倫管理委員会の審査制度に対する法の謙抑というべきであり、それが社会に是認されているとか、ただ単に放置されて一般に許されているものというのは当たらないところである。▽28（傍点引用者）

つまり、この判決は、「すべての映画について全面的な信頼をうるまでに立ち至

▽28 東京高判昭和四四年九月一七日判例時報五七一・一九以下。引用部分は二三―二四頁。

っていない」と指摘することにより、映倫による審査結果については、あらゆる映画について全面的な信頼を社会一般から得ることがなければならないと言っているに等しい。だが、それはとりもなおさず映倫が裁判所たれということに限りなく同義である。自主規制機関なるものが裸の公権力と映画の作り手ないし送り手の間に介在する意義があるのだとすれば、それはこの機関の判断を一応は尊重する、ということである。それは言い換えれば、裁判所ではない以上間違いもあろうが、大方のところで誤った判断をしていなければ、これを信頼するということである。この判決の言いようでは映倫は立つ瀬がなかろう。

とは言いながら、この判決は結論としては、沿革的経緯や上映環境における規制の存在（「環境衛生関係営業の運営の適正化に関する法律」に基づく適正化基準）等の存在を指摘しつつ、映倫の判断に沿って映画を公開した以上は「公開が社会的に是認されたものと考えたとしてもまことに無理からぬところ」と判示する。

このことは一体何を意味するのか。「映倫をパスすれば社会的にみて猥褻性がない（＝違法性はない）ことになるのだ」との主張はしりぞけられ、「映倫が猥褻でないといったことを信じたから責任はないのだ」との主張が容れられたのである。言いかえれば、映画の配給・上映行為は客観的には違法なものではあったが、そのことの刑事責任を問うための責任はないということである。[29]このことはすなわち、猥褻関係の刑事責任を負う主体が映画の製作者ないし配給業者（つまり『黒い雪』事件の被告人である製作者の武智鉄二と日活の配給部長）から映倫に転嫁したことを示しているのである。つまり、先に記したように、自主規制機関を通過すれば刑事法規からのイミューニティがなぜ成立するのかという議論に対して、おそらくは最悪の答えを用意したというべきだろう。映倫委員の指導に従ったから猥褻性の認識がないのは仕様がないということは、映倫の判断に「すべての映画について全面的な信頼」を要求する裁判所としては、悪いのは映倫委員だ、と言っているに他ならないからだ。さらにたちの悪いことには、警察・検察当局としては、これを作り手や送り手にとってのイミューニティとすら考えなかった。そのことは、映倫の委員とともに製作者と配給業者さえも起訴された日活ロマンポルノ事件において明らかになる。

▽29　刑事責任が成立するためには、ある行為が⑴違法であり、かつ同時に⑵行為者に責任がなければならない。違法性とは一般にその行為について客観的に定まる事情であるのに対して、有責性とは行為者それぞれの事情（是非弁別能力があること、自らの行為について認識をもって行動したこと等）であることが多い。ここでは⑴を認識していなかったので、⑵の責任がない、と言っているのである。

⑵　日活ロマンポルノ事件

一九七一年、経営立て直しをかけた日活（当時）は、歴史的なプロダクション政策の転換をはかった。それまでの硬派のアクションを主体とする映画から、いわゆるロマンポルノ路線と称する一群のプログラム・ピクチュアへの転換である。

戦後の一九五四年に日活はプロダクションを再開するが、当時の映連五社（松竹、東宝、大映、東映、新東宝）には加盟していなかった関係で、映倫（いわゆる旧映倫）による自主規制のメンバーではなかったものの、映倫の審査には協力参加していた。[30]しかし前述のとおり旧映倫の審査体制が甘いとの社会的指弾を受けたきっかけの一つとなったのが、日活の製作した『太陽の季節』（一九五五年、古川卓巳監督）や『狂った果実』（一九五五年、中平康監督）であり、さらに『黒い雪』事件によって、はじめて映倫なるものの法的な位置付けを結果的にせよ世に問うてしまったという意味で、映倫という自主規制機関の節目節目に注目すべき関与をしてきたのが、この日活なのであった。

一九七一年一一月に、日活はそのロマンポルノの記念すべき第一作として『団地妻・昼下がりの情事』（西村昭五郎監督）を発表する。こうした歴史的な路線転換は当時としてはかなりのインパクトをもって迎えられたようだ。それまではいわゆるピンク映画というものは弱小プロダクションの製作するもので、大手はまず手を出したりしないものだったからだ。[31]そうした意味で、規制当局からの厳しい挑戦を受けるのも歴史の必然というべきものだったかもしれない。明けて一九七二年一月二八日、警視庁は『恋の狩人　ラブ・ハンター』（山口清一郎監督）を、同時公開中の他

▽30　前掲沢村六九頁。

▽31　読売新聞社会部編『わいせつ裁判考』（一九七九年、読売新聞社）一八〇頁。

の二作とともに猥褻図画陳列罪で摘発、映倫管理委員会事務所などを家宅捜索した。

先にも記したとおり、この事件では日活および独立系プロの担当者（すなわち配給業者と製作者）、問題となった映画の監督らに加えて、映倫の審査員もが猥褻図画公然陳列の幇助犯として起訴されたという点で、きわめて注目すべき事件であった。『黒い雪』からの尾をひきずったかたちでの、警察・検察側による自主規制機関への攻撃が、ここに至ってその頂点に達するのである。しかし結論はといえば、一審裁判所は映倫の社会的意義を高く評価したうえで、その判断を尊重すべき旨を説き、問題となった映画は猥褻図画にはあたらないとして、被告人らを全員無罪とし、二審裁判所も検察側の控訴を棄却して終わった。

この事件の一審での映倫に関する認識は次のとおりである。これも長い引用になるが、引いておきたい。

全国の映画興行業者のほとんどは、それぞれ各都道府県の興行環境衛生同業組合に所属し、同組合の全国組織である全国興行環境衛生同業組合連合会の適性化基準（厚生大臣の認可を受けている。）や、それを受けた右各都道府県の組合の適性化規程には、組合員は映倫の審査に合格していない映画を一般興行用として上映してはならない旨定められていることに示されるように、本件各映画が製作、公開上映される以前から、つとに映倫の審査を通過しない映画を国内の劇場で上映しないとの慣行が映画興行界では確立し、映倫の審査を通過しない映画は日本国内の一般の劇場で上映できない状況下にある。〔……〕そもそも映倫は、〔……〕その組織機構、実際の構成、運営においては、映画製作業者等の関係業界からは独立し、かつ国民各層、各方面の意見と良識を反映し得るとともにその活動に対しても一定の評価を与え得る組織として存在し、審査の実際においても、一般的に見て、審査が審査員の恣意的、独断的な判断に委ねられたり、映画製作業者らの言いなりになったり、あるいはそれにおもねて審査に公正を欠いたりしたなどの事情は認められず、各方面からの意見を汲取って社会的良識に反することのないように表現の許容性を検討しながら、映倫設置の目的と趣旨に沿う審査を行うべく努力が重ねられ、本件各映画の審査当時までにも数多くの映画を審査し、その結果については社会的な信頼を得、すでにわが国内においては、その実績に対して一定の社会的評価と信頼が存すると認められる。〔……〕

このように、映倫審査制度は、かつて映画『黒い雪』事件という望ましくない出来事があったけれども、映画による性道徳、性風俗の侵害の防御という点に関して、本件各映画の審査当時には、すでに一定の定着した社会的役割を果たしていたものといえ、それはいわば社会的良識による性道徳、性風俗の維持であり、一つの社会的規制手段であるということができる。

そうすると、本件のように映画のわいせつが問題になっている場合、映倫審査制度の存在する一般劇場公開用の映画であって映倫の審査を通過したものであるときには、前記のように映倫の審査が性道徳、性風俗の維持のための社会的規制手段であり、その審査が具体的な審査基準に基づいて社会的良識に反することのないように表現の許容性を検討しながらなされていることなどに鑑み、わいせつ性判断にあたっては、映倫の審査の結果をできるだけ尊重するという見地に立って判断するのが妥当であると考える。▽32

つまり、自主規制機関としての映倫の役割を一見ほぼ満額回答的に評価した判決であるとはいえようが、「もし映倫の審査結果と裁判所の判断とが一致しないような事態が生じたときには裁判所の判断が優先することはいうまでもない」として釘を刺すことも忘れていない。だからここでも理念型としての自主規制機関、すなわ

▽32 東京地判昭和五三年六月二三日判例時報八九七・三九以降。引用部分は四八―四九頁。

ちその判断がイミューニティとなるような意味での自主規制機関というものは、結局認められてはいない。だがこの判決によって、映倫はほぼ望むとおりの自由を勝ちえたといって良かったのだろう。事実、その後において映倫の合格が出た映画に対する取締当局のチャレンジはなされていないし、映倫の審査委員に対する起訴もない。

4 残された問題へ向けて

(1) 理念の崩壊

しかし問題はこれで終わったわけではない。映倫がくぐりぬけてきた、『黒い雪』事件と「日活ロマンポルノ」事件という試練は、あくまで対公権力との間の試練なのであって、これはある意味では戦いやすい問題にすぎない。ここでいま一度「理念型としての自主規制機関」なるものの定義を思いおこそう。それは明白な二面性を帯びた存在として措定されている。すなわち、対社会的には刑罰法規よりも厳しい猥褻性の水準において自主規制を行い、いわばその見返りとして、対取締当局との間ではその判断についてイミューニティ（免責特権）を得ようというものであった。先に引用した藤木論文がいみじくも語るように、それは一個の暗黙の「協定」なのである。▽33

ところが日活ロマンポルノ事件での裁判所は、結果としてはどうであれ、理論的には上記のようなイミューニティを明確に否定し去ったのである。そうであるならば、これとの見返りに設定されている「より厳しい猥褻性の水準」の設定なるものも、行き場を失うはずなのだ。さもなければ、いったい何のためにお金と手間暇をかけて、しかも監督たちの表現に対するこだわりを押さえつけるかたちで、自主規制などを維持してゆく必要があるのだろうか。裁判所における映倫の審査結果の「尊重」を得るためということなのかもしれないが、「尊重」なるものは何の法的拘束力をも持たないものなのである。だからこれは事実上のものにすぎないわけで、果たしてそうしたはかない成果に満足していていいものだろうか。不確実な「一〇〇％の規制」を避けるために、確実な「一二〇％の規制」を自主的に受け入れたつもりが、その実、「一五〇％の規制」を招いたのではないのか、というのはこの点にかかわる。

まあ、こうしたことに必ずつきまとう声として「そこはそれ」というのがあるわ

▽33　日本の裁判所は、ただでさえ、書面化されていない契約などを認めることには消極的である。自主規制機関をめぐる、このような微妙な「協定」など、認めるべくもなかろう。

けで、「そうは言ってもこの判決で映倫の社会的意義ははっきり認められたわけだから、イミューニティも事実上勝ちとったと同じだ」という議論があるだろう。「何といっても相手は裁判所なのだから、そこはそれ、というもので、なかなかこちらの言い分を一〇〇％は認めてくれるというわけにはいくまい」というやつだ。しかしこういう曖昧な議論をいつまでも野放しにしておいていいものだろうか。▽34

なぜなら事は、本来それを行う義務も義理もない自主規制なるものにかかわるからだ。理念型としての自主規制とは、明らかにある種の取引ないし契約として想定されたものである。そこでは何らかの負担を負うこととの引き換えにおいて何がしかの特典が与えられるというプロセスが前提とされている。ところが実際に達成されたのは、負担のみを一方的に負わされることになる関係にすぎず、その際に反対給付として与えられるのは権利としての「特典」ではなく、単なる恩恵的措置としての「尊重」にすぎないというのだ。これでは啓蒙的専制君主制のもとにおいて臣下が君主から恩恵として与えられる「お情け」と、どこがどう違うというのだ。映倫はその委員が刑事事件で起訴されて長い裁判闘争を強いられたことの回答が、この程度のものでしかなかったということに対し、真剣に怒りを表明すべきだと思うのだが、どうなのだ？

▽34　実際、裁判所と接していて思うことは、彼らは「ひとり勝ち」的な状況を妙に避けるという印象がある。しかし、それは理屈を旨とする機関において、いかがなものか。

さらに気にかかるのは、興行環境衛生組合を持ち出して、それが厚生大臣による認可を受けていることを強調する判例の態度である。自主規制とは公権力の手にならないからこそ意味のあるものであり、またそれだからこそ、検閲禁止をうたう憲法条項との整合性をとることができるもののはずである。裁判所がもってゆきたいのは、映倫規制を一種公権力によるお墨付のあるものとして、そこから「契約」性を剝奪する一方で、憲法との関係では公権力による表現の規制としての側面はこれを無視し、あくまで「自主規制」であるとするわけだ。実に因循姑息な方向と言わざるを得ない。

こうしたことすべてを前提とすれば、映倫は自主規制機関としてのあり方をいま一度点検せざるをえまい。厳しい水準による猥褻規制の対価が単なる「尊重」にすぎないというのであるならば、それに応じて基準の見直しを行わねばなるまい。あるいは、厚生大臣の認可機関が関与することを強調して、映倫規制が一種の公権力規制に連なるものであるとすれば、より厳格な猥褻性判断（表現の自由を最大限守るという意味における厳格さ）に服せざるをえまい。こうした姿勢こそが、それが自主的であれ強制的であれ、規制なるものを司る者の倫理ではなかろうか。▽35

▽35　二〇一七年四月に、それまで長きにわたり任意団体として存在してきた映画倫理委員会は解散して、一般財団法人映画倫理機構に、その業務を移管した。審査は、同機構内に新たに設けられた映画倫理委員会が行うという。

(2) ヴ・ナロード――自主規制の政治学

理想形としての自主規制とは、複合的な「契約」であるべきことは、これまでに述べたとおりだ。それは様々な利害関係者の間のある種の妥協であり、妥協であるからこそそのダイナミズムもあれば、醍醐味もある。その意味で、自主規制とは政治そのものであり、自主規制を司る機関に期待されているのは、そうした政治の執行者としての決断であり、手綱さばきである。それが機能不全に陥るとき、当然ながら自主規制の政治学は死ぬ。

ここで改めてふりかえってみたいのだが、自主的であるとは、一つには「規制をしたい側」の論理を一部受け入れることで、「規制を受ける側」の言い分を一部認めさせるという戦略的な営為の謂いである。ここでの「規制をしたい側」としては、取締当局に代表される公権力、宗教団体等の圧力団体があるほか、それは「規制を受ける側」と微妙に重なりあうかたちでたとえば既存の映画配給会社なども含みうる。すなわち映倫審査は単純な自主規制という側面を超えて、たとえば広告宣伝の武器ともなりうるものだ（たとえば女性向けの「ソフトな」ポルノ映画にとって成人向映画の指定は必ずしも営業上マイナスではないことがありうる）。「規制を受ける側」とは直接的には映画配給会社ではあるが、心理的な意味で規制を最も負担に感じているのは監督に代表されるクリエイターたちだろう。彼らの言い分は、自由な映画作りがしたい、それは作った物を自由に上映できなければ貫徹されない、ということになるはずだ。しかし、映倫の合格マークを得ることで、少なくとも上映館から自動的な拒絶をくらうことが避けられるという意味において、映倫審査はクリエイターにとっても意味のある妥協になりうるはずだ。

だがここでのクリエイターや映画会社は、もうひとつの重要な利益を代表しているべきではないか。それは観たい映画を観るという観客の利益だ。規制によってある種の映画が観客の目から隠されてしまうのであれば、観客とは紛れもなく「規制を受ける側」の関係者と言える。自主規制なるものが、複合的な妥協によってそれぞれの利害関係者の総体的な利益を漸進させるべきものであるならば、それは観客の利益にもかなうものでなければならない。

むろんここで観客論を展開するに際して即座に異論が生じるのは、観たくない映画を観せられる者の利益はどうなるのだ、という議論である。よかろう、それも含めての観客論で結構だ。

観客の不在の中で妥協としての自主規制が進行してゆくとすれば、それは思わず国民不在の政治状況といった手垢のついた比喩を想起させもするが、それはまさしく「談合」と呼ばれてしかるべきものとなろう。それでは一体どうしたら観客の利益は適切に代表されうるのか。おそらくここにこそ、「自主規制の政治学」の政治学たるゆえんが潜んでいる。知る権利などと称されてはいても、観客には憲法的・法的な権利として個々の映画に対する権利を持つわけではない。政府による検閲としてであればいざ知らず、憲法的には違法と評しうるような規制が映倫によってなされたとしても、それはあくまで私的な機関による規制である以上、個人の「表現の自由」や「知る権利」が侵害されたとはいえない。しかもそれは、観客が映倫規制という名の「契約」の当事者ですらないことによって、まったく何の権利もクレームも主張し得ないことを意味する。

これは片手落ちというものではないか。たとえば審査過程やそこでの議論をすべてガラス張りにして開示してしまうこと。たとえば映倫の審査結果に対する再審請求権を何らかのかたちで映画の観客にも与えること。こうした手法によって映画の自主規制機関としては主要関係者の利害への目配りを、多少なりとも完成に近づけることができるのではなかろうか。▽36 本来、自主規制は当事者たちの私的な契約として始まるものなのだから、こうした取り決めであっても可能なはずである。それこそが自主規制における政治学でありダイナミズムというものではなかろうか。そう

▽36 放送業界における放送倫理・番組向上機構（いわゆるBPO）のようなイメージか。

したことが、実際には極度に困難なことは、よく分かってはいるが、しかし、映倫としての存在理由《レーゾンデートル》を通すとすれば、それはひとつの選択肢ではなかろうか。

自主規制という選択をした瞬間、ことは自己責任原則に帰還する。なぜならそれは「自主」という名の自律的選択を建前とするからだ。その意味で自主規制なるものは、それを執行する者の資質を験《ため》しているのだ。そのことに自覚的でない限り、自主規制とは単なる談合や公権力との馴れ合いに終始する。自主規制とは、己の自立性への絶えざる検証と、内容的な意味でも形式的な意味でも公平さを貫徹するための、半ば永久的な調整作業をこそ意味するのだ。こうしたことはしかし、仲間内の閉鎖性をもってよしとしたり、自主規制に官のオーソリゼーションを探さねば気が済まないこの国においては、本当に認識されているのだろうか。自主規制の政治学をよく実践しえぬ者にとって自主規制を選ぶこととは、滅びの道の選択であることを知るべきである。

V

エンド・オブ・ザ・ロード――「有害」図書指定とは何であったのか

実のところ、公権力による猥褻規制なるものは、ある種の遊びなのではないだろうか。そう口にすれば、たちどころに反論がいくつもかえってくるものではあろう。しかし、猥褻文書が出回ったことで人死がでるわけでもなければ、交通渋滞が発生するものでもない。そりゃあ猥褻規制についていろいろと理屈をつけて、それがいかに社会にとって必要不可欠なものかを論じたてることは可能かもしれない。だが、究極のところ、猥褻規制をもてあそぶ公権力とは、遊びに興じているのではないだろうか。猥褻規制の是非を離れて、筆者はそうした遊びの姿勢そのものは決して不快には思わない。もっと違うもので遊ぶべきだとは思うが。しかし、どうも一九九〇年代の遊び方を見る限り、それ以前とは何らかの変化があったように思えるのだ。猥褻狩り遊びにすら官僚化が進行したといったらいいだろうか。そうした、いささか倒錯的な問いを、有害図書の指定制度と、これに関して一九九〇年に起きたポルノコミック規制騒動を素材にして、発してみたいと思う。▽1

1　有害図書指定制度

有害図書指定とは、都道府県のいわゆる青少年保護条例のもとで、青少年の「健

▽1　本章においては、有害図書と猥褻文書とを、あえて厳密には分けて論じない。猥褻文書とは、成人においてすらもその享受を禁ぜられるべき文書ということだから、当然その「猥褻性」は有害図書をはるかにしのぐものであることが想定されているわけだが、本章では、いずれも広義の「猥褻規制」であるとの扱いで臨むこととする。従って、ここで「猥褻物」などと言及されているものも、「エロスを取り扱ったコンテンツ」ほどの意味である。

全な発育」のために望ましくないとみとめられる図書等を地方行政府の手によって「有害」と指定できるとする制度である。▽2 こうした内容の青少年保護立法は幾度か中央立法化（すなわち全国レベルでの法制化）が目指されたものの、いまだにそれは実現されていない。▽3 ここで「有害」なものとしては、セックスがらみのこともあれば暴力性の強いもの残虐なもの等も含まれうる。だがここではセックスに限定して話を進めることにしよう。

有害図書に指定されるとどうなるかといえば、そうした図書を青少年に売ったりすると犯罪に問われるということだ。当然ながら、出版社にとっては、大いに問題となるものである。

二つのことに注目しよう。一つは、この制度が直接に関わろうとしているのが青少年の保護育成という「大義」だということ。つまり、建前としては大人がポルノを見たいというのを禁止するものではない、ということだ。もう一つは、この制度は有害図書として指定した図書を「発禁」扱いにするものではない、ということ。この制度が「表現の自由」とか「知る権利」といった憲法的価値を十二分に念頭においた上でデザインされたことは明らかであり、そのことをまずは認識しよう。お上だってそういつまでも一本調子に馬鹿じゃない。一応弾圧めいたことをする前に

▽2 岐阜青少年保護条例事件（最判平成元年九月一九日判例時報一三二七・九）。

▽3 清水英夫「青少年保護条例の意味と問題点」（清水英夫・秋吉健次編『青少年条例――自由と規制の争点』〔一九九二年、三省堂〕所収三頁以下）。因みに二〇一七年の時点でも、本章で論ずるような青少年保護条例的な規制は、全国レベルでは実現していない。

リサーチくらいするのである。

2 「青少年の保護と育成」

何度も強調したことだが、猥褻を公権力が規制する理論的な根拠として唯一まともな議論の対象となりうるのは、極論すれば一つしかありえない。それは青少年の保護ということに尽きるのだ。

簡単におさらいをしたい。猥褻物を禁圧する根拠として、性道徳・性秩序の維持にあるということが判例上は一貫していることは、Ⅱ章で述べたとおりだ。しかし何故にそうした道徳なり秩序なりが維持されねばならないのかと問いつめると、それは究極のところ、「性行為非公然性の原則」といった立証不能の命題（いやむしろ、『愛のコリーダ』裁判などでは「性行為はわが国においては歴史的にみて非公然の扱いを受けてはこなかった」という積極的な反証に見舞われてさえいることも、Ⅱ章で見たとおりだ）に行き着くか、あるいは性犯罪の煽動につながる、といった議論に落ち着かざるを得ない。その他にもパターナリズムに基づく説明やら、「ポルノを読むと人間がダメになる」といった根拠で規制を正当化する向きもあるが、いずれも説得力をもたない。▽4

▽4　パターナリズムとは、ある種の啓蒙主義的なアプローチのことで、個人の自由にまかせていたのでは、個人はむしろ自分の不利益になるようなことをやってしまうかもしれないので、親が子供の面倒をみてやるように、法律で配慮を施してやる、という思想である。奥平康弘教授は、「刑法一七五条の背後には——公認の判決や理論ではけっして明言しないが——たしかに疑いもなくパターナリズムが貫流している」と喝破する（奥平康弘・環昌一・吉行淳之介『性表現の自由』〔一九八六年、有斐閣〕一一六頁）。その上で、同教授は自動車運転者へのシートベルト着用強制における「正当化しうるパターナリズム」と比較して、猥褻規制におけるパターナリズムは「正当化しえぬパターナリ

「徒らに人の性欲を刺激し云々」という「猥褻」の定義にしてからが、むしろ積極的に刺激して欲しいとする人間の前では全くの無力な規制根拠たらざるをえない。青少年保護なる命題がかろうじて猥褻規制の根拠になりうるというのは、実はこの一点にかかっている。

　猥褻物であろうとも、なおそれを見たいとする者の性的自己決定能力ないし性的自己決定権▽5を制限できるとすれば、その理由は「お前は自己決定のできるほどには成熟してはいないのだ」という論拠しかない。もっとも「まともな議論の対象になりうる」といっているだけで、それが有効な規制根拠であると全面的に認めているわけではない。後にも述べるように、上記のような「思慮分別の未熟論」は実証的に見てかなり疑問が多いのだ。

　そして、性的自己決定権論が唯一甘受しうる規制手段といえば、開示と警告である。つまり、猥褻物に関してその中身を人に知らせることで、「猥褻物であることを知らないで手にとってしまってショックを受けた」といったようなクレームを遮断するということだ。かくて、有害図書指定制度とは、まことにこうした合憲的な装いの猥褻物規制理論と手法にのっとった法制度であるかに見える。すなわち、それは青少年といういまだ成熟していない者から猥褻物を遠ざける装置であり、かつ

ズム」であるとする。「ポルノを読むと人間がダメになる」との信仰についても、戦後の姦通罪廃止に伴って同種の議論があったことを例にひきつつ、人間は必ずしも猥褻規制がないからといってポルノばかり読みふけったり、他のことが手につかなくなる存在ではない、と論じている（同一二〇頁）。そりゃ、そうだろう（笑）。

▽5　深谷和子「青少年の健全育成と社会環境」（前掲『青少年条例』所収一五頁）。なお、性的自己決定権といった言葉はフェミニズム系の論客が好んで使用する言葉のようであるが（たとえば中下裕子ほか『セクシュアル・ハラスメント――「性」はどう裁かれているか』〔一九九一年、有斐閣〕一八八頁など）、ポルノ規制をフェミニズムが積極的に肯定するというある種の矛盾については、後のⅥ章において詳述するところとなる。

その遠ざけ方も発禁という方法ではなく有害図書指定という名のラベリングを行うことに留まるものなのである。このことに文句をいう筋合いなどないではないか、と青少年保護条例の制定者はうそぶくのだ。

まさにそのとおりだ。青少年者＝性的自己決定無能力者なる前提はたしかに検証の余地のある議論だが、筋論としての青少年保護条例の用意周到ぶりには、これまでに検討してきたどの公的な猥褻抑圧装置よりも論理性が備わっていることは紛れもない事実だ。しかし一九九〇年に全国的に起こった、いわゆる有害コミック問題を俯瞰すると、そうも簡単には納得しえないものがあるし、また規制手法にしても上記に述べたような単純な「ラベリング」といった穏健なものに終わっているものだけではないのだ。そこで、この有害コミック問題なるものがどういった展開をしたのかを、次に見てみたい。

3　有害コミック問題の生成と展開

有害コミック規制の端緒は、一九九〇年に火の手があがったといわれている。それは、和歌山県田辺市の主婦たちの訴えかけに始まったとはされているが、この種の「悪書追放運動」的なムーブメントは間欠泉のように戦後周期的に繰り返されてきたとの由で、▽6おそらくどこからが明確な始まりとも特定しえぬものなのであろう。

これに先立つ目だった動きとしては、一九八四年に自由民主党の議員が国会で、少女雑誌が過激な性表現を載せていることを批判した事件などがあり、さらにそれを遡ると一九七八年にはいわゆるエロ劇画誌の摘発事件や一九七〇年の『アシュラ』の残虐描写への批判などがある。▽7

だが一九九〇年の動きに限定すれば、まず口火を切ったのは二月に開催された政府総務庁の外郭団体である㈳青少年育成国民会議の分科会でコミックの性表現に問題があるとの指摘がなされたことであるらしい。▽8指摘は「民間育成者」によるものとされているが、口火が切られた舞台が政府の外郭団体主催の会議であることがまことに興味深い。そしてこれに続くかのように、三月に佐賀県書店商業組合が県と県警の三者共同での「自粛」運動を開始し、それが宮崎県に飛び火して、七月には大阪府に対して住民による規制強化の「陳情」がなされる。そして八月に和歌山県田辺市でその後の住民運動のきっかけとなった投書がローカル紙に掲載され、同じ月に東京都生活文化局婦人計画課が「性の商品化に関する研究」報告書を発表し、市販の雑誌に掲載されているコミックスの「五〇％は性的描写を含んでいる」とす

▽6　清水英夫「コミックの性表現問題と出倫協の対応」(『「有害」コミック問題を考える——置きざりにされた「性表現」論議』〔一九九一年、創出版〕所収一二八頁)。
▽7　竹内オサム「マンガの差別・発禁・規制等〝事件史〟」(『誌外戦——コミック規制をめぐるバトルロイヤル』〔一九九三年、創出版〕所収二一六頁以下)。
▽8　「〈日録〉「有害」コミック規制をめぐる動き」(前掲『「有害」コミック問題を考える』所収六四頁)。

る「衝撃的な」内容を公表。そしてこれを翌九月四日に朝日新聞がその社説で「貧しい漫画が多すぎる」とのタイトルのもとに、性表現を多く含むコミックを批判しつつ前記の東京都の性の商品化に関する報告書を肯定的に引用し、さらに同日、福岡県が一六点のコミックスを有害図書指定するに及んで、出版業界はにわかに事の重大性に色めき立ったという。それまではいわゆる「エロ本」的な書籍が有害指定の対象であったのに対し、この福岡県の措置では、大手の出版社の発行する「普通」の本までもがターゲットとされたからであった。▽9

(1) 出版界の対応

この後、いわゆる「草の根」的な「ポルノコミック反対」の市民運動が全国的に展開されるのだが、その「草の根」の何たるかは後に見てとることとなろう。こうした「世論」と地方自治体レベルでの規制強化を前にして出版業界も対応を余儀なくされ、朝日の記事が出た翌日の九月五日には雑誌編集倫理委員会が「有害」指定の動きについて情報交換を行い、同月二六日には総務庁青少年対策本部非行対策担当が出版倫理協議会に自主規制を非公式に要請し、一〇月五日には出版倫理協議会は「青少年への配慮についてお願い」と題する文書を構成各企業に対して発送した。

▽9　この間の事実の経緯については、右記の「〈日録〉「有害」コミック規制をめぐる動き」に全面的に依拠した。

その後、各県の「有害」指定が続き、警察や総務庁や各県の職員や知事等が相次いで出版社団体や個別の出版社を訪問、事情聴取などがなされる中、一二月に入って㈳日本雑誌協会の決定を受けて、同月一八日に出版倫理協議会は「識別マーク」の採択を決定して、これを構成団体に通知した。これがいわゆる「成年コミック」マークである。明けて一九九一年一月一〇日に雑協コミック誌・コミック本の出版社は「成年コミック」マークの表示基準の検討に入り、政府関係機関への同マークの根回しが行われ、翌二月六日に講談社から「成年コミック」マークのついた図書が初めて出版されるに至った。▽10

(2) 地方自治体の動き

これに対して規制側である地方自治体や警察はどういった動きを示したのだろうか。

自主規制に連動する動きとしては、最も早くには一九九〇年三月に佐賀県が動いたことについては先に述べたとおりだが、その後同年七月に北海道、八月に石川県と神奈川県、九月には福岡県と和歌山県と神奈川県といった具合に、九月に至るまではコミックスの「有害」指定としてはそれほどの急進展があったわけではない。

▽10 当初こうしたマークは各社の判断で採用されていたが、それらは一九九六年に、出版業界全体の自主規制として統一された。だが、自主規制とはいっても、各出版社の裁量に委ねられた選択であったので、いわゆる大手出版社は、講談社以外はほとんど採用しなかったといわれている。

それが一〇月以降には、大分県、和歌山県（大手を含む）、石川県、北海道（大手を含む）、埼玉県（大手を含む）と数においても質においても大きな変化が見られるようになり、一〇月には全国二〇県で三八三点の指定、一一月には全国二五県で二〇四点の指定、一二月には全国二八県で七五六点の指定がなされるに至った。この動きはその後も一九九一年一月には二七県三一六点、二月には三五県六四一点、三月には二九県四三三点と推移する。

摘発レベルでは、一九九一年二月に都内のコミック系書店が猥褻図画販売目的所持の容疑で店長などが逮捕されたのを皮切りに、三月には「わいせつ同人誌」の発行者が逮捕され、同月熊本の書店が青少年保護条例違反で摘発を受け、四月にはコミック同人誌の摘発で作者一八人を含む発行者四五名が書類送検された。

このように、一九九〇年七月ないし八月にごくローカルな動きとして発火した反ポルノコミックの動きは、九月になってからは明らかに異なる進展が見られる。朝日新聞に代表されるマスメディアの動向と、いわば「エロ本慣れしていない大手出版社」▽11の関与とが、事態を一気に大きなものとしてしまったとみるべきだろうが、そこには「演出家」が全く介在していなかったのだろうか。

▽11　大塚英志「「有害コミック騒動」と戦後民主主義という装置」（『戦後まんがの表現空間――記号的身体の呪縛』（一九九四年、法藏館）所収二〇二頁）。

4　反ポルノコミックの「草の根運動」

さて一九九〇年に始まるこれらの反ポルノコミック運動は、前述のとおりその発端として和歌山県田辺市における主婦らの「草の根運動」が象徴的に語られることが多いという。[▽12] そしてさらに象徴的なのは、各地で相次ぐ「有害」指定を支持強化するかたちで、市民による陳情が目立つのだ。たとえば一九九〇年七月には大阪府に対して府民が来庁して規制を要望し、八月には東京都庁に都民グループが具体的なコミック本持参の上で指定を要請、といった具合である。同様の陳情の動きは徳島や熊本でも見られた。

だがこうしたおびただしい陳情やいわゆる「草の根」的な市民運動といった外観とは裏腹に、これがある種の統制された指揮のもとに動いているのではないかとの指摘は少なからずある。たとえば、熊本県内で配られていた「子供を守る親の会」のビラは、これと全く同じものが大阪府堺市の駅前でも配られていたという。[▽13] さらに露骨なこととしては、一九九一年二月に自民党は「青少年健全育成のためのコミック雑誌等有害図書の『請願』への対処方について」なる文書を作成発表し、選挙区住民の陳情に対して「国会請願」を組織するように議員に対して指示し、「請

▽12　呉智英「ポルノ狩り市民運動の理念に隠されているもの」(『威風堂々！　ワイセツ大行進』〔一九九三年、ＪＩＣＣ〕所収二〇二頁)。

▽13　藤井誠二「各地で起こった規制運動徹底現地ルポ」(前掲『「有害」コミック問題を考える』所収三五頁)。

願」の案文をマニュアルとして添付するという用意周到ぶりを発揮している。▽14 同じ二月には自民党有志議員が「子供向けポルノコミック等対策議員懇話会」を結成し、出版関係者を呼びつけた上で「ヤクザのような」ヤジを浴びせかけることとなる。▽15 しかし自民党のみを悪者にすることは公平を欠くというべきだろう。たとえば他の同種法案とならんで「子供の健全育成のため子供向けポルノコミック撲滅の法制化に関する請願」を衆議院に紹介議員として紹介したのは、社会党議員土井たか子である。▽16 ただ、それでは「草の根運動」を組織し陰であやつったのが、自民党に代表されるような政治団体であったのかというと、必ずしもそうではないようだ。上記のような働きかけがいずれも、問題がだいぶ進んでしまった一九九一年初頭に行われていることからしても、これはとりあえず時流に乗っておこうという政治家特有の選挙民相手のポーズ作りにすぎないともいえそうだ。▽17 それでは一体、誰が糸をひいたというのだろうか。

こうした観点から見たとき、総務庁の動きが妙に目につくのだ。まずは騒動の起こるかなり前の一九九〇年二月の段階で、総務庁の外郭団体が主催する懇談会でコミックの性表現が問題にされていることが目を引く。さらにここで同じ懇談会に出席していた㈳日本雑誌協会（「雑協」）関係者が、雑誌に「成人向け」と「青少年向

▽14 平成三年二月八日付け自由民主党政務調査会会長加藤六月名義の「青少年健全育成のためのコミック雑誌等有害図書の『請願』への対処方について」と題する文書。原文は前掲『青少年条列』三五九頁に所収。

▽15 標沼弘敏「自粛と混迷――出版界がたどった全経過」（前掲『「有害」コミック問題を考える』所収四〇頁）における出倫協側のコメント。

▽16 「第一二〇回国会で採択されたコミック規制に関する請願」（前掲『「有害」コミック問題を考える』所収一一〇頁）。

▽17 註14参照。

け」の表示を行うことについて検討することを約束していることが注目される。ここで既に言質をとられているのだ。[18]その後全国で「有害」指定が相次ぐ中で、九月下旬に総務庁は出版倫理協議会（「出倫協」）に接触し自主規制を要請している。総務庁はさらに、一〇月には出版問題懇話会の会長と話し合いを行い、一一月、一二月とたて続けに出倫協に自粛の徹底指示のために接触し、明けて一月には出版問題懇話会に出倫協と同一歩調をとるように要請した。[19]また一九九〇年一一月には各都道府県の青少年対策の担当者を集めて会議を開き、「有害」指定の都度、出版界の出倫協等の関係団体に通知することを要請して、その「全国的な指導力」を発揮した。

総務庁の表立った活動は一九九一年初頭を最後に舞台から姿を消すが、ちょうどそれと呼応するように警察庁の活動が前面に出てくるのだ。すなわち、警察庁が最初に登場するのは一九九〇年一〇月に出倫協から事情聴取したときだが、その後一月に各県の警察本部に対して「実態の把握」と「厳正な対処」を指示し、矢継ぎ早に出倫協に問い合わせをし、総務庁との連絡などもとりあっている。そして二月二二日に東京都内の書店が猥褻図画販売目的所持で摘発を受け、その後は作家から書店に至るまでの種々のレベルにおいて摘発がなされるのは、先に述べたとおりだ。

▽18 前掲「〈日録〉「有害」コミック規制をめぐる動き」六四頁。

▽19 同右。

5　メディアの功罪

だが総務庁＝警察庁のラインが全国的な「草の根反ポルノコミック運動」を盛り上げきったのかというと、これもまたやや違うようにも思われる。ここでは騒動の初期において、規制についてのある種の理論的お墨付を与えたマスメディアの力が大きな影響を及ぼしている。それは朝日新聞に掲載された「性の商品化」批判の社説に代表される、いわばフェミニズム的反ポルノ・ディスクールともいうべき新たな問題設定の仕方があったのだ。それは具体的には次のようなくだりだ。▽20

> とくに強調したいのは、こうした現象を女性の立場で考えてみる、ということだ。今回の調査を分析した執筆陣は、性の商品化、とくに女性を「モノ」として見る風潮を厳しく批判していた。〔……〕集められた漫画の多くが、男性中心の物語だった。暴力による性行為でも女性は快感を感じるとか、つねに奉仕するポーズを女性にとらせるとか、男の好色に都合よく描かれている作品が少なくない。

▽20　『朝日新聞』一九九〇年九月四日付社説「貧しい漫画が多すぎる」より。

▽21　たとえば、木村真理子「ポルノ文化を問う」（『自由と正義』一九八七年一二月号所収三九頁）。さらに「性の商品化」という問題設定自体をフェミニズム側から批判したものとして、瀬地山角「よりよい性の商品化へ向けて」（江原由美子編『フェミニズムの主張』〔一九九二年、勁草書房〕四五頁以下）参照。

▽22　その転回点を、篠山紀信＝樋口可南子の〝ヘア〟写真集『Water Fruits』に対する朝日新聞

かくて、「性の商品化」批判なるキーワードは設定された。しかし、こうしたフェミニズム・ディスクールによるポルノ批判は、次章で詳しく見るように、本来は極めて注意深く適用されるべきものであって、ことに公権力によるポルノ規制を後押しするように利用されるべきものではなかった。それは、こうしたアプローチからポルノ批判を行っているフェミニストたちの多くが、同時に、公権力によるポルノ規制には反対の立場をとっていることからも、この間の事情は窺い知れよう。▽21 それにもかかわらず、一見「進歩的文化人」的論説めいて口当たりのいい「性の商品化」批判は、マスメディアの手によって人口に膾炙されてゆく。一九九一年になってメディアはどうやら騒動の中で自分らの演じた役回りに気付き、方向転換を模索することになるものの、▽22 もはや勢いはとどまるところを知らない。べつだんフェミニズム理論の悪口をいうつもりはさらさらないが、いかにも「進歩的文化人」に受けそうな理屈を考えついてしまったのは、返すがえすもフェミニズムにとっての不幸であった。こうした不幸とは、たとえば「性の商品化」なるまじという文句が「子供を守る親の会」のタスキがけおばさんの口をついて出るときに、フェミニズムの人々がおそらくはつぶやくであろう「これはどこかが違う」という嘆息であり、不意の違和感にたじろいだであろうマスメディアの側のうろたえである。▽23

の擁護の姿勢に見るのが、大塚英志「作動しなかった『規制』と「自由」の曖昧な合意装置」（前掲『「有害」コミック問題を考える』所収一五八頁）。

▽23 田辺市のコミック本追放運動の過程で、のちに「コミック本から子供を守る会」を結成することになる人物から同市市長に宛てられた請願の手紙には、「お金もうけのために子供をターゲットにし、性を商品化し、女性を侮辱し、許せることではありません」とする趣旨が書かれていたという（前掲藤井一一頁）。これに対し、フェミニスト側は「国家権力が性差別の視点を含んで今回の規制をやったなどとは、私たちは夢にも思っていません」と手厳しい見方をしている（坂本ななえ・長谷川美子・林浩二「問われるべきマンガの性差別表現」前掲『「有害」コミック問題を考える』所収二〇六頁）。

　ともかくも、朝日新聞という、当時のメジャー・マスメディアによる規制根拠の理論的付与という願ってもない追い風を受けて、総務庁＝警察庁という官僚の主導による「有害」図書規制は進行していった。だが果たして、「性の商品化」批判論を含めて、「有害図書」制度を根幹とする青少年保護条例は、本当に理論的に正しいものなのだろうか。

6　包括指定／緊急指定

　まずは「有害」の指定方式から見てゆくとしよう。問題のコミックなりビデオなりが「有害」かどうかについては、各都道府県の青少年条例上は、青少年保護育成審議会といった名称の機関の審議を経て指定されることになる。指定する主体は知事であるが、学識経験者等からなる審議会の意見を聞いた上で最終決定をするという建前になっているのだ。

　しかしながら、これには重大な例外がある。それは緊急指定なる制度であって、たとえば「特に卑わいな姿態若しくは性行為を被写体とした写真又はこれらの写真を掲載する紙面が編集紙面の過半を占めると認められる刊行物」については、知事

▽24　緊急指定制度があるのは、一九九二年当時、有害指定条項を

は審議会の審議を経ることなく「有害」指定ができるとされているのである。だが、エロ本とはそんなに急いで有害指定しなくちゃならないものなのだろうか。指定が遅れることでどれだけの御大層な利益が損なわれるというのだろうか。▽24

さらに、包括指定なる制度もある。これは、たとえば「全裸」「半裸」などの卑わいな写真等が総ページ数の一定割合（二分の一、三分の一など）を占める刊行物を自動的に「有害」と認定する方式である。▽25 これなどは、個々の「『全裸』『半裸』などの卑わいな写真等」と全体との関係はどうなっているのだろう。もしもそうした個々の部分が「有害」指定を行うに足る「卑わいさ」の域に達しているのであれば、なにも包括指定を行う意味はないのである。つまりは、ここで前提とされているのは、個別の頁として見れば「有害」とまでは言えない「卑わいさ」であっても、量が集まることで「有害」な「卑わいさ」に到達するという、量的猥褻論・量的卑猥論とでも形容すべき思想である。だが、これは国家公認の「猥褻」概念、つまりチャタレイ判決で採られた「徒らに性欲を興奮又は刺激せしめ、云々」なる要件にすら合致しないのではなかろうか。▽26 人が性的に興奮するとすれば、それは量においてではなく質においてである。そんなことは発情期の中学生にすら判る（いや発情期の中学生だからこそ鋭敏に判るというべきか）自明の理ではあるまいか。

もつ四六条例中四一条例にのぼるという（秋吉健次「青少年保護条例の制定状況とその構成」〔前掲『青少年条例』所収一五九頁〕）。

▽25 包括指定という呼称はあるいは判りづらいかもしれない。これは、全裸とか半裸の写真が一定割合以上あるものについて、「雑誌○○の第○月号を有害指定とする」といった宣言を経ることなく、当然に有害指定があったとみなしてしまう、という指定制度である。むしろ「みなし指定」と呼ぶのが判りやすかろう。

▽26 形式論理としては、有害図書規制における「有害」ないし「卑猥」概念と刑法における「猥褻」概念とが異なるのは当然だとは言える。法目的が異なるからである。しかしこれらの法律はそのセックスがらみの規制対象は実質的に同じといってよく、この二つの概念にズレがあることは実質的な矛盾というべきである。

まあ緊急指定や包括指定が抱えるこうした個別の内部矛盾については、ひとまず措いてもいい。だがこうした指定のあり方自体に疑念を呈したいのだ。どうしてこうした細々したことにこだわるかと言えば、表現の自由を制限する際には一定の手続的ルールがあるべきだからだ。それは「適正手続」などと称されているものだが、簡単にいえば、表現に対して不利益な処分を課そうという場合には相手方の言い分を聞くなり、あるいはそれに代わる何らかの担保を行った上でなければならない、というものだ。ここでは審議会なるものが行政側のありうべき暴走に歯止めをかける役割を、いちおうは担わされているといえよう。ところが、その審議会を経ることなく「有害」指定ができるのだとしたら、適正手続の保障はどこにもないことになる。

また包括指定方式は個々の図書の「有害」性を吟味することなく「有害」指定を行ってしまう点で、概括的に規制の網をかけることとなり、これが憲法の禁止する「検閲」にあたるのではないかとして議論もされたが、最高裁はこれを否定した。[▽27]だが、むしろここで注目したいのは、こうした指定方式には明らかに行政側の手抜きへの願望がありありと出ている点である。要するに「有害」指定のためにいちいち本の内容になど目を通すのが面倒なのであり、「ハダカ＝有害に決まってるじゃ

▽27 註2に引用した最高裁判決。

んか」ということなのである。しかし、そんなに面倒ならば、なぜいちいち取り締まるのだろうか。取り締まりに対してその程度の「情熱」しか抱けないものであるのならば、そんなものは放っておいたって害になどなりはしまい。こう書くと、言っていることが矛盾しているように感じる向きもあるかもしれないが、取り締まる以上は少なくとも取締当局にとっては、それなりの意味があって取り締まるのに違いなかろう。そうでないというのなら、どうして取り締まられる側は取り締まりに甘んじなければならないのか。こうした点をさして「官僚的」と言うのである。「有害」の指定方式の手続的な胡散臭さは、こうして、はからずも「有害」指定という制度の無気力な運営を露呈せずにはおかない。

さらに問題は、こうした手続的なものにとどまらないのだ。実体的な問題についても当然ながら吟味がなされねばならない。

7 「思慮分別の未熟」論と「環境浄化」論の是非

まずは青少年保護条例の最大の理論的根拠であるところの「未成年者は思慮分別が未熟だから大人と同じ性的自己決定権を認めるわけにはゆかない」というテーゼ

から検討してみよう。だがこれに対しては次のような批判がある。▽28

青少年の世界的な発達加速現象の一部である性成熟の前傾（早期化）と、社会的には晩婚化傾向の進む中で、いわば身体的成熟期と社会的成熟期（性行為が社会的に許容される時期）とのギャップが次第に拡大し長期化してゆく中で、青少年に性欲の抑圧と欲求充足の禁止を説く従来の性道徳は、世界的にみても通用しないものとなりつつある。［……］自分の性をどう実現すべきかは、すぐれて個人的な問題であり、社会や行政が関与すべき問題ではない。大人の責務は、総合的な健全育成施策によって、青少年の性的「自己決定能力」を十分に育成することにあり、外部的な「規制」によって青少年を性や性的刺激から遠ざける方策に頼ろうとしても、これからの青少年の性問題には対応できないであろう。

産業革命以降の近代における晩婚化という世界史的・産業構造論的視点からのこうした批判は、極めて鋭いものを持っているというべきだろう。▽29

さらには青少年保護条例の論理を裏から支える、現実の認識問題として、「ポル

▽28　前掲深谷一五頁。

▽29　二〇一七年の今日において、晩婚化と、そのさらなる発展形としての非婚化は、少子化などと共に深刻な社会問題になりかけているわけである。

ノを子供に見せると興奮して性犯罪に走る危険が高い」というものがあるようだ。これを仮に「環境浄化」論と呼ぼう。事実、こうした懸念というものは、いわゆるM君（宮崎勤）による幼児連続殺害事件において、世の耳目が被疑者の所有していたおびただしい数のホラービデオに集中することとなり、それを発端として「ホラー狩り」が進行したこととも正確に対応している。[▽30]しかしこれについても、むしろ性情報の豊かさと性犯罪の発生率とは反比例の関係にあることが指摘されている。先進各国のデータを比較して、次のような結論が示唆されている。[▽31]

性の情報を青少年の目から遠ざければ遠ざけようとするほど、代理の「対象」である情報を失った若者の実際の性行動はエスカレートし、時には性犯罪という形で爆発するのではないか。［……］性情報の多少が、性犯罪の発生率とまさに反比例するという事実は、これまで先進諸国が数十年にわたって行ってきた大規模な試行錯誤、いわば生きた「実験」の結論なのである。

こうした結論は、おそらく統計的には正しいものであろうと直感が語りかける。個別の事例として性情報が性犯罪を呼び寄せることが無いとはいわないが、統計的

▽30　一九八九年八月に、幼児連続殺人事件の犯人として宮崎勤が逮捕され、同月には水野総務庁長官（当時）が記者会見で、残虐ビデオの自主規制や条例の整備を求める談話を発表、これを受けて、テレビ局は「真夏の夜のB級ホラー映画シリーズ」等の放映中止を決定した（大塚英志・中森明夫「ぼくらはメディアの子供だ」『Mの世代』〔一九八九年、太田出版〕所収一九頁）。

▽31　福島章「性表現と青少年」（前掲『青少年条例』所収三四頁）。福島章「ワイセツメディアは性非行を誘発しない」（前掲『威風堂々！　ワイセツ大行進』所収四五頁）も同旨。

には、性情報の開放がむしろ性犯罪を減らすであろうことは、我々の経験がおぼろげながらも教えるところである。もしも宮崎勤事件のような個別事例に表れた弊害のみを根拠として、性情報流通の全体に規制を及ぼすのだとしたら、それはあたかも特定の自動車事故で悲惨な人死が生じたことを理由としてモータリゼーション全体を否定するに等しいであろう。

8 道の果て

いわゆるポルノコミックをめぐる一九九〇年の規制騒動を見る限り、そこでは以下のようなことが露呈されたということができよう。まずはどういうメカニズムによるのか知るよしもないが、公権力の側は何年かの周期で猥褻関連の取り締まりを強化しようとしている。それは権力の常としてその力を誇示したいとの単純な動機に基づくものかもしれず、あるいは、ちょうど地震のプレートテクトニクス理論のように、取締欲とも称すべき欲求のリビドーが周期的に公権力を見舞うのかもしれない。俗にいう「たまってる」状態になるわけだ。あるいは、所詮猥褻関係の取り締まりなどはイタチごっこであるのだから、いったん取り締まりを強化してもそれがしばらくするとまた元の状態に戻ってしまうために、何年かするともう一度締め付けを行うということなのかもしれない。理由はなんであれ、公権力は猥褻を周期的に強襲する。

ところで、これと矛盾するようだが、公権力は本当のところ、猥褻を本当に取り締まり切れるとは思っていないフシもある。イタチごっこも最初のうちこそは真剣に遊んでいたのでもあろうが、ずいぶんと時間もたつうちにいい加減面倒になってくるのだ。そこで、先にも見たような包括指定といった姑息な手抜きを考え出す。比喩的にいえば、ざっと雑誌を見て半分がハダカの写真で埋まっていれば（矛盾するようだが）中身を見るまでもなく「有害」指定、という制度である。だがこれは紛れもなく退廃である。猥褻の取り締まり強化策のようにみえて、その実は逃げのようにも思える。たとえば、かつてサドであるとかチャタレイであるとか、あるいは澁澤龍彥なり伊藤整なり大島渚なりが法廷の場にひっぱりだされたのは、曲がりなりにも公権力の側に猥褻狩りという「遊び」への真剣さのごときものがあったからではあろう。これらは本質的には思想を裁こうという試みであり、筆者に言わせれば不遜な振る舞いであるが、それはそれなりに頭に「馬鹿」とか「糞」のつく類の真面目さの発露でもあったのであろう。あるいは『黒い雪』や日活ロマンポルノ

事件にしても、取締側に（再び筆者に言わせれば、悪い意味での）挑戦の気概のようなものがなかったか。▽32

おそらくは、性情報が氾濫し、誰もがさしたる手数をふむことなく「猥褻」にアクセスできる現代にあって、公権力はひたすらに萎えている。昔であれば、悪場所の路地のかたすみでやりとりされていたでもあろう類の写真類が半ば公然と販売され、ひと昔前ならアイドル歌手をしていたような娘のあらわな姿態が、コンピュータ通信などといったオヤジには手も足もでない摩訶不思議のルートの中をかけめぐっている。「天才」と称される写真家の写す写真には陰毛が黒々と陰影をたたえて展覧会を飾り、一般書店でビニールをかぶせられて平積みにされた、有名無名の女優たち・元アイドルたちの写真集には多数の読者が群がっている。さして俗受けを狙っているわけでもないごく普通の週刊誌のグラビア頁を、「ヘア」と呼び換えられた「陰毛」をさらす女たちの写真が飾る。▽33 その一方で、たとえばアダルトビデオのタイトルには「女子高生」なる言葉が使えずに「女子校生」と言い換えるといった不条理がまかりとおり、ピーター・グリーナウェイの映画ならば、あるいはジャック・リヴェットの映画ならばヘアは許されても、ポルノ映画には許されないという、不思議な現象が跋扈している。▽34

▽32　Ⅶ章で詳しくみるが、ビデ倫を俎上にのぼらせた二〇〇八年の事件などは、一部に警察内部の内輪もめが原因との見方さえ噂されている。堕ちれば堕ちたものである。

▽33　呉智英は、「陰毛」を「ヘア」と称するのはインチキであり、欺瞞であるとする（前掲呉二〇〇六頁）。

▽34　おそらくは一九九四年当時は映倫のヘアについての扱いの過渡期だったのであろう。こうした現象が見られたのである。

さらに悪いことに、マスメディアが猥褻狩りという「遊び」につきあってくれないのだ。かつては公権力が猥褻規制に乗り出せば、「表現の自由を守れ」との掛声とともにいっせいに規制反対の声をあげるのが「お約束」だったものだが、何をどうトチ狂ったのか、「性の商品化」批判なる妙に物わかりのいい論調で規制の後押しをしてくれるふうさえある。政治家や中央官庁の過度の介入も「遊び」をつまらなくする。自分たちで仕切れる範囲を狭めてしまうからだ。

かくて猥褻規制について公権力は萎え切っている。萎えているにもかかわらず、然るべき格好だけはつけたがる。いや、萎えているからこそ、というべきか。だからこそ、ポルノコミックだのアダルトビデオだのといった、自分らに何とか手がつけられるものだけを狙う。それはあたかも、一人前の成人女性が怖いので幼児を性的嗜好の対象にするという、あのおぞましい幼児姦の世界に似ていはしまいか。しかも彼らは刻一刻と手詰まり状態に追いつめられている。たとえば、一九九〇年に端を発したポルノコミック規制の際には大手出版社相手にちらつかせてみせた事業税優遇措置（出版、放送、新聞の事業者は文化事業を営んでいることを理由に地方事業税が半額に免除されている特例措置）の撤廃といった決め技も、▽35どうやら同措置が税制改革論議の中で廃止の方向にあるようで、もはや効果を持たぬであろう。

▽35
前掲標沼五七頁。

萎えてしまったのならば、いつまでもしつこくイタイケナ幼女などを追うのをやめて、いい加減に引退を考えるべきだ。そして猥褻狩りはもっと威勢のいい奴にまかせるのが知恵というものだろう。別段猥褻狩りを奨励したいわけでもないのに、ふとそんな思いにとらわれもする。こうした中で、ひょっとしたら、そんな「威勢のいい奴」として立ち現れたのではないかと感じさせるのが、次章で見るフェミニズムによる猥褻規制の論理の台頭なのである。「猥褻」は果たして、新たな好敵手を得たのであろうか。

Ⅵ

リベラリズムを超えて——フェミニズム・ポルノ批判異論

1　細川政権下の椿事

まさかそんなことがあるとは誰もが思ってもみなかった、細川政権下での衆議院における選挙法案をめぐっての、一部自民党議員と社会党議員の奇妙な連帯と離反劇。小選挙区制の可否をめぐって、政府連立与党の法案に対して、野党の自民党の一部が賛成にまわったばかりか、与党の社会党の一部が反対票を投じたあの瞬間は、「激動の」という冠詞をつけて語られることの多い一九九三年における政治イベントの中でもことさらに際立ったものだったといえよう。▽1 いわゆる五五年体制においては考えられもしなかったような、こうした不思議な光景は、結局自民党も社会党もイデオロギーにおいて結集した集団ではなく、選挙の集票を主な軸としたとりあえずの連合体であることに思いをいたせばそれなりに判らなくはないものの、果たして政治的にそれでいいのだろうかとの素朴な疑問は残らざるを得ない。いったい政党たるものが、そうまで露骨にイデオロギー色を払拭しきってしまっていいものなのだろうか。

こうした現象とは若干意味あいを異にしつつ、つまり明確にイデオロギーの対立は対立としてそのままにして、それまでは水と油と思われていた二つの勢力が突然

▽1　比較の上ではやや小粒ながら、「安倍一強」と言われて無敵を誇っていた安倍晋三首相が、森友問題、加計問題のスキャンダルや、稲田防衛相の日報隠蔽疑惑などを受けて、支持率が急落した中で行われた、二〇一七年の都議会議員選挙において、自民党が惨敗した現象に匹敵するものといえよう。

に政治的に手を結ぶということが、この世の中には存在しうる。こうしたものの一つとしての、ポルノグラフィ規制を旗印にした伝統的保守派と一部のフェミニズム派との合従連衡なるものがある。しかし、これは政治現象としての椿事的エピソードという以上の大きな問題が隠されている。リベラリズムへの懐疑と挑戦である。本章まではおおむねリベラリズムの立場に拠って猥褻をめぐる諸事象を考察してきたが、そうした立場に真っ向から疑念を呈しているのが、フェミニズムからのポルノグラフィ攻撃における論点なのだ。果たしてリベラリズムは、そうしたチャレンジのもと生き延びることができるのだろうか。

2 セクハラとブルセラ

フェミニズムとリベラリズムの問題に入る前に、若干の現代風俗的おさらいをしておくのも悪くはあるまい。なぜならそこには、これから語ろうとしていることの一つの変奏を見ることができるからだ。こうした現代風俗として性をめぐる話題でちかごろ巷間に取り沙汰されるものに、セクシュアル・ハラスメントがあり、ブルセラショップなるものがある。▽2

▽2 セクハラについては説明の必要はなかろうが、ブルセラなる現象は、一九九〇年代から観察されるようになったと言われている。ただし、規制なども導入された結果か、近年はほぼ見られなくなったものではあろう。

言うまでもなく、セクシュアル・ハラスメントへの抵抗運動はフェミニズム論の職場への発展形とも言うべきものであり、その定義はさまざまではあるものの、▽3 要するに主として女性をターゲットとした性的なある種の強制ないし嫌がらせ行為を職場環境において、もしくはそれを前提として行ってはならない、とするものだ。▽4 その基調として考えられていることは、女性を職場の対等な同僚としてではなく男性の従属物や玩具的存在とみることへの異議申し立て、であるといってよかろう。これは現象として非常に判りやすいし、誰も正面切ってこうした主張に異論を唱える者もあるまい。異論がありうるとすれば、「ブスな女のいいがかりにすぎない」とか「何もその程度のことに目くじら立てなくても」という愚痴っぽいつぶやきがある程度だ。▽5 セクハラ反対の底流をなす主張とは、言い換えれば、性のモノ化、あるいはより厳密には女性を性的欲望の対象としてのみ固定することへの抗いということなのだと規定できよう。これは従って、依然としてリベラリズムの問題であることが理解できよう。「性的欲望の対象としてしか見られないことからの自由」ということだ。「性的自己決定権」の侵害なども称される。▽6

ところでブルセラショップを規制したいという欲望とは何なのだろうか。ブルセラなるものを知らない読者のためにあえて解説すれば、これは女子中高生から使用

▽3 アメリカの雇用機会平等委員会（EEOC）のガイドラインでは、セクシュアル・ハラスメントは次のように定義されている（中下裕子ほか『セクシュアル・ハラスメント――性はどう裁かれているか』〔一九九一年、有斐閣〕五頁）。

「不快な性的接近、性的行為の要求、ならびに性的性質をもつ口頭もしくは身体上の行為は、以下のような場合、セクシュアル・ハラスメントを構成する。(1)かかる行為への服従が、明示もしくは黙示に、個人の雇用条件を形成する場合、(2)かかる行為への服従もしくは拒絶が、その個人に影響する雇用上の決定の理由として用いられる場合、または、(3)かかる行為が、個人の職務遂行を不当に阻害し、または、脅迫、敵意もしくは不快な労働環境を創出する、目的もし

済みの下着やセーラー服を買い取って、フェティシズム愛好者に販売するという商売のことである。ブルセラとはブルマーとセーラー服の略称だ。これが社会問題化された背景として、いわゆる良家の子女風の女子中高生までが「パンツ売りの少女」▽7としてこの種のいかがわしい取引に手を染めていたことなどがあるが、よくよく考えてみるとどうしてブルセラが悪いことなのか、そう簡単には答えを出せない。たしかにこの種の取引にまつわるいかがわしさはおおい隠すべくもないが、だが経済取引であるには違いない。未成年者が関与することが判断能力の熟さない青少年保護の観点から問題なのだとも言えるかもしれないが、別段彼女たちは性行為をしているわけでも、ましてや売春をしているわけでもない。後述するように、それ自体ではおそらく猥褻物とも言えないようなモノを売ってお金を得ただけだ。だからピンクキャバレーに就学児童を働かせていることが児童福祉法違反で挙げられたりするのとは問題が異なるのだ。さらに未成年でない、たとえば成人に達した女子大生やOLが同じことをすれば、未成年者の保護という論点は消しとんでしまう。ブルセラを規制したいとする欲望は、女子高生だから悪くて女子大生なら許される、とはおそらく考えまい。ともかくもこうしたいかがわしい取引を止めさせたい、というのがこの欲望の指向するところなのだ。

くは効果を持つ場合」。

▽4　二〇一七年の今日においては、セクハラの対象は女性だけに限られないということは一般論化しつつあるとは思うが、本稿の主題上、とりあえず、それは措くとする。

▽5　前掲『セクシュアル・ハラスメント』五八頁。

▽6　同右六〇頁。

▽7　藤井良樹『女子高生はなぜ下着を売ったのか?——社会事件にまでなったブルセラ女子高生を追った14ヵ月間』(一九九四年、宝島社)。

ブルセラは通常の猥褻規制法からも摘発は難しい。たとえば猥褻物の公然陳列は刑法上の犯罪だが、ブルセラに対しこれを発動することには無理がある。使用済みの下着そのものは従来的な猥褻概念には必ずしもあてはまらないからだ。形態そのものとしてはデパートの下着売場で販売している商品とさしたる差はない（シミや汚れが付いているのが評価されるというが）。元の所有者の顔写真などがポラロイド写真で添付されているのが実際の販売形態らしいが、それによっても猥褻性が高まるものではなかろう。猥褻性とは法律概念である以上は、一定程度は客観的・一般的な基準たらざるを得ない性質のものだが、ブルセラショップの「猥褻」とは、あまりにも想像力ないし妄想力によって猥褻性を補われなければならない類のものだからだ。むしろその格差こそが、こうした商品を支えている原動力なのだとも言える。

猥褻という本来的には個人の内心の状態を表す言葉が、ついにその本来の意味を取り戻しはじめたのが、こうしたショップの隆盛に表れているとも言えよう。▽8

あるブルセラショップは古物商の免許をとらないで営業をしていた点を突かれて古物営業法の違反で摘発を受けたとされている。▽9 だがそれはブルセラを規制したいとする欲望にとっては何ら本質的なことではあるまい。免許を受ければこうした営業をやらせてもよい、というようには、この欲望は考えない。そもそも古物営業が

▽8　猥褻とは一つの道徳的観念である（キャサリン・A・マッキノン『フェミニズムと表現の自由』〔一九九三年、明石書店〕二四七頁）。

▽9　前掲藤井一〇頁。

176

免許制になっているのは、盗品などの流入しやすい営業形態なのでこれを警察などの監督下におくことが主な狙いだが、女子高生が自ら持ち込む下着が盗品である蓋然性は著しく低いというべきだろう。だから制度趣旨からいっても、ブルセラ禁圧と古物営業への監督とは結びつきようがないし、それを無理に結びつけるとおかしなことになる。▽10

こうしたことから考えると、ブルセラを禁圧したいとする欲望にとって何が問題かといえば、それは素人娘が自らの性に近接するモノを商品として販売するその行為自体なのだろう。これはリベラリズムからは説明のつかない動機を内包している。「素人娘」の部分を強調すれば、こうした動機は伝統的な道徳的保守主義に基づくものとして説明が可能になる。ところが「性を商品として販売する」の部分を強調すると、これはフェミニズム的言説の趣きを獲得するにいたる。すなわち、「性の商品化」という契機において、ブルセラへの反対思潮はセクハラ反対の思潮と微妙な交錯劇を演ずることとなる。

このように、ここで注目すべきは、ブルセラ反対が必ずしもフェミニズム運動と直結したものではないということである。端的にいって、それは必ずしも女性の主導によって展開されたものではないということだ。むしろその担い手は、フェミニ

▽10　のちに大都市圏の各自治体は、青少年保護条例を改正して、青少年の使用済み下着等の購入や受託売買などの取引を禁止した。だが、これもまた、青少年保護条例の本来の趣旨とはズレがあるように思える。

ズムと対極的ともいえる主義嗜好の人々であるといっても過言ではあるまい。そのいい証拠が、前記の古物営業法違反の摘発事件である。警察組織という男性原理＝男根原理の牙城ともいうべき風土からいって、この素早い反応は女性主導のもとに成し遂げられたとはとても思えないのだ。それも、ブルセラを直接に禁圧する手段がないので古物営業法というからめ手から攻めたという、この異例の熱心さは、いったい何を物語るのか。「まさかウチの娘に限って」あるいは「ウチの娘と同じ年齢の少女を食い物にしおって」との思いによってこうした摘発が遂行されたであろうことは想像に難くないのだ。

より単純にいえば、善良な性道徳の守護者をもって任ずる四〇、五〇がらみのオヤジたちがブルセラ摘発の担い手であったと覚しいのだが、それはちょうどセクハラをしかける側として一般にイメージされる人々の像と奇妙に重なるのだ。▽11 そのことは逆に、ブルセラの顧客層としてイメージされる男たちが、比較的若年で「おたく」というラベリングが似合いそうな連中であるのと正確に対応してもいる。▽12 しかしながら、マスメディアなどの論調ではブルセラなるものがあからさまにいかがわしいことも手伝って、これへの規制を比較的に支持し、規制の根拠がそうした伝統的な道徳的保守主義によるものとはとらえておらず、多分に「性の商品化」批判の

▽11 『日経ウーマン』の実態調査によれば、ハラッサーは直属の上司で平均年齢四一歳というのが平均像だという（前掲『セクシュアル・ハラスメント』一八頁）。

▽12 前掲藤井一三三頁。

枠組み（まあ、あきれているというのが本当のところだろうが）において、すなわちフェミニズム的言説において論評する姿勢が目立つのだ。▽13

つまりはこういうことだ。現象として九〇年代前半の日本の性風俗を特徴づけるかに見える、セクハラとブルセラとは、互いに正反対の向きを向いた現象である。セクハラを否定する人々はフェミニズム的価値観に多少とも同調する人々であり、リベラリズムを信奉し、典型的には二〇代から四〇代の女性といったイメージを容易に浮かべられるのに対し、ブルセラ狩りを支持する人々は善良な性風俗といったものに価値観を見いだす人々であり、リベラルな風潮とは必ずしも融和的ではなく、イメージ的にはむしろセクハラをいかにもやらかしそうな（!?）四〇代五〇代の男性なのである。「セクハラをやらかしそうな」という言い方に語弊があれば、「セクハラ疑惑をかけられることに無防備な」と言い換えてもよい。にもかかわらず、この両者は「性の商品化」への抵抗という接点において、容易に連帯しうる契機をもった人々、もしくはそのように無自覚にレッテルを貼られやすい人々であることは注目されてよい。どうしてそのようなことが起るのかといえば、「性の商品化」批判（後に明らかにするように、フェミニズムによる「性の商品化」批判とはやや異なるものではあるのだが）なるもののうちには、伝統的なリベラリズムを否定する何物かが含ま

▽13 たとえば同右「プロローグ」。

れているからなのだが、それについてはおいおい述べてゆくこととしよう。

3　売春の変容

世紀末性風俗を彩るもう一つの流れとしては、性のヴァーチャル化ともいうべきものがある。エイズの流行がそれを加速もしたが、今日の流行の性とは直接的な性体験であるよりはシミュラクル的な擬似体験である。映画『バーバレラ』（一九六八年、ロジェ・ヴァディム監督）が冗談まじりに描いた近未来が、あるいはフィリップ・K・ディックの悪夢的世界が、思いがけなく実現しかけているのかもしれない。

連れ込み宿がファッション・ホテルなどと呼ばれるようになり、いわゆる伝統的な売春宿とは異質の性体験を売り物にする店舗がファッション・ヘルスなどと称してそれなりの隆盛を示し、八〇年代のビニール本の流行から九〇年代にはTバックやディスコ・ジュリアナのお立ち台ギャル、テレクラの流行やヘアヌード本の百花繚乱、少年向けのポルノコミックやいわゆるレディースコミックの世間的な「認知」、アダルトビデオ女優のアイドル化という一連の流れは、素人のプロ・マーケットへの参入、エロや猥褻の日常化・家庭内への進出であると同時に、実物の性体験でない架空の性体験でも満足を得る男たち女たちが存在しはじめてきたことを示すものだ。▽14 ソフトSMも、こうした線に沿って解釈されるべきものだし、CD-ROMによるアダルト物の人気も単に新メディアへの即物的興味ということのみで語りつくせるものではないようだ。▽15 そこに反エイズ・キャンペーンが合流して、こうしたシミュラクル的セックスはさらに加速される。それと同時に反エイズ・キャンペーンはセイフ・セックスを合い言葉とし、セックスは悪という道徳観は一足飛びに飛び越されて、コンドームをつけたセックスは善という新しい観念がばらまかれた。テレビでは俳優やアイドルたちがセイフ・セックスを説いているのである。「女を買う」といった行為はもはやこの日本にあっては時代遅れの「アウト」な行為で、ステディな恋人とのセイフ・セックスやヴァーチャルな性体験こそが「イン」であるというのが現代というものだ。▽16 むろんそうした風潮に飽き足らない人々は日本を脱出して、タイや韓国にツアーをして買春にはげむ向きもあるわけだが。

　こうした時代にあっては、娼婦との心的つながりを求めての買春＝売春行為（それが小説の中だけの作り事なのかどうかはさておき、ここではイメージとして消費される買春＝売春行為に着目したい）のような、つまり永井荷風的というか吉行淳之介的というか、赤線廃止前に措定され、その廃止後もそれなりに維持されてきたと覚しき旧来的な

▽14　近年指摘されている事例としては、若年の女子の貧困化が進み、多くの素人娘たちが売春に手を染めているという（中村淳彦『デフレ化するセックス』〔二〇一二年、宝島社〕一四頁）。

▽15　こうした傾向は、草食系男子の増加、二次元恋愛の隆盛といった二〇〇〇年代以降の流れとあいまって、二〇一七年の今日においても、依然続いているというべきだろう。

▽16　二〇一七年のいまや、すべての人がとは言わないが、リアルセックスは悪とは言わないまでも、少なくともあまり重視されないもの、という見方が広がっているのかもしれない。

売春のあり方はもはや存在しない。すなわち、娼婦の側には「身は売っても心は売らない」というような前提がありつつ、それを乗り越えて「カネで買う関係でありながらも、それを超越して心の関係に至る」ところを目指すような、旧赤線的な性の探求者たちの「精神的な冒険」ともいうべきものが消滅したのだ。つまり、こうしたプロのマーケットに参入した素人たる「現代の娼婦」においては、そうした自己規制もしくは浪漫主義的媚態はないということだ。

あるいはこれとは全く逆に、心的つながりどころか、性的接触すらも拒むというあり方すら多くなってきているらしい。これは旧来的なあり方を是とする人々にとっては「ゲームの規則」の不当な変更と受け取られよう。赤線は昭和三三年（一九五八年）に廃止されたが、こうした買春＝売春について最後のノスタルジーを持っている人々とは、おそらくブルセラ摘発に燃えたオヤジたちだったのではあるまいか。ブルセラに代表されるような「軟弱な」セックスのあり方に我慢がならないのだ。かくて、ブルセラとは、こうした売春の変容＝性のヴァーチャル化の一つの象徴なのだということもできる。▽17

だからセクハラとブルセラの背後には、こうした世代論的な相克もあるのだ。伝統的な娼婦的追憶にひたりつつ、ついつい手近の職場女性の尻などを触って「イヤ

▽17　筆者の視点とは違った意味で「売春の変容」を説くのが、橋爪大三郎「売春のどこがわるい」（江原由美子編『フェミニズムの主張』〔一九九二年、勁草書房〕二頁以下）である。同論文は、売春における奴隷的搾取状態がいまやソープ嬢側の完全な自由市場に変化した現状を指摘し、「売春は悪である」との言説には法的な根拠が存在しない旨を説く。

ァきみぃ、こうすれば仲良くなれるのじゃないかと思って」などと馬鹿げた言い訳をした挙げ句に実名で告発されてしまう男たちと、そうしたものには基本的に関心を示さず人工的な環境において想像力の中で女を犯して楽しむオタク的男たちと。このそれぞれが非難を受けているのが世紀末の日本の現状と言えるのだが、後者に関してはフェミニストたちとオヤジたちが部分的であるにせよ共闘を組みうる状況が整っていることが、まことに興味深いのである。▽18 オヤジたちは自分らが「アウト」だと見られ始めていることに抵抗しているのだろうか。

そこで、以下ではこの水と油のような二つの陣営がいかなる点で共闘を組みうるものなのかを、アメリカでのフェミニズムによるポルノ批判をもとに考察してみることとしたい。そうした共闘のはらむ危険性も含めて。

4 猥褻、ポルノグラフィ、エロティカ

フェミニズムと性との関わりとは、ある種の必然である。それは図式的にいえば、従来的な男性原理に異議申し立てをする運動なのだから、そこでは常に男という「性」と女という「性」とが、少なくともその当初においては対立関係に立たざる

▽18 こうした状況は二〇一七年の現在においては、どうであろうか。いわゆる本音的な言動がオフィシャルなかたちでは表明しにくくなった昨今では、セクハラに関して、それを擁護するような発言はもはやなしえなくなったというべきだろう。だが、いわゆるポリティカル・コレクトネス的な配慮に基づく事実上の言論封殺状況というものは、リベラリズムの観点からは、問題なしとしない。

を得ない。この延長線上においてポルノグラフィも位置付けられることになる。すなわち、ポルノグラフィとは、そこで女性が男性の性欲の対象とされ、また広義狭義の性的暴力の対象とされている限度において、それは従来的な男性支配を強化し、それをプロパガンダするものとして、フェミニズムにとっての倒されるべき敵として照準を合わせられる。[▽19]ポルノグラフィが男性中心的社会の原因とまではさすがに言われていないようだが、それがこうした社会の維持発展に一つの力を与えていて、その影響力は必ずしも男性に対してのみならず、女性に対しても及んでいると説かれもする。ポルノを好む女性の性的嗜好は知らず知らずのうちに男性原理を刷り込まれてしまっている、というのである。[▽20]かくて、フェミニズムはポルノグラフィへ宣戦布告をすることとなる。その成果として、ポルノグラフィにまつわるいくつかの神話もフェミニズム的論説により打ち砕かれたようである。曰く、女は強姦を望んでいる、曰く、女は最初は嫌がっていても段々によくなる、云々。

ただし、一般にフェミニズムによるポルノグラフィ批判の文脈においては、批判の対象とされるポルノグラフィとは性差別的、暴力的なポルノグラフィをいい、これは、エロティカと称される、必ずしも差別的ないし暴力的な背景をもたない性表現とは区別される。[▽21]エロティカはむしろ「育《はぐく》み育てる性」として積極的に顕揚され

▽19　たとえば、白藤花夜子編『ニュー・フェミニズム・レビュー vol.3 ——ポルノグラフィー』(一九九二年、学陽書房、以下ではNFRと略称)の「はじめに」。

▽20　たとえば、木村理真子「ポルノ文化を問う」(『自由と正義』一九八七年一一月号所収三九頁)。

▽21　同右。

たりもするのだ。主流的なフェミニズムは男性を排除する運動ではなく、男性と女性との平等な生き方を探求するものでもあるから、という意味にもおいて。

それでは従来的な猥褻と、ポルノグラフィないしエロティカとの関係はどう考えられているのだろうか。ラディカル・フェミニズムの法律家であるキャサリン・マッキノンによれば、猥褻とは道徳的な観念でありポルノグラフィとは政治的実践である、猥褻は抽象的だがポルノグラフィは具体的である、という。猥褻における道徳とは男性の視点から見た道徳なのだと彼女は主張する。「猥褻」ではセックスを描く際の「赤裸々、明白さ、率直すぎること、興奮の喚起、色欲をそそること、不自然さ」が問題とされるのに対して、フェミニストがポルノグラフィについて問題とするのは「金儲けのために売られて、他の生身の女性たちに強制されるために、本物の女性に強制されるセックス、縛られ不具にされレイプされて、傷害・獲得・接近の対象物とされ、女の自然であるとして提示される女性のからだ、目に見えるかたちでの強制と見えなくされてきた強制」などだという。[22]

猥褻とは「人々の品性や感性を守るために不潔なものを隠蔽することで生活の質を保障することを前提とする性的表現の評価である」[23]のに対し、ポルノグラフィとは語源的には「最下層の娼婦」について書かれたもの、すなわちギリシャ時代に

▽22 前掲マッキノン二四五頁。
▽23 紙谷雅子「アメリカにおけるフェミニズムとポルノグラフィ規制の動き」(『自由と正義』一九八七年一一月号所収四五頁)。

「最も安く、最も顧慮されず、奴隷までも含めたあらゆる女の中で最も保護されない存在」であったような女についての記述、「卑しい娼婦の生々しい描写」であるという意味において、[24]「その社会における女性イメージを反映する政治性をもった概念であり、現実には、男性への隷属という社会構造のもと、男性が所有し、従属させる性の対象としての女性を規定する」[25]ものとして受けとめられる。

エロティカとは、こうした従属する性として女性を描いていない性的表現を指すことになるという。それは「両性の対等な関係を表す自然で健全な性的表現」を意味することになる。[26]このように猥褻とポルノグラフィとは全く異なる概念であるにもかかわらず、結果として猥褻なりポルノグラフィなりの評価を受けた作品は似ていることになるのは容易に想像のつくところだ。

ところで、狭義のポルノグラフィを当面の敵にすえたフェミニズムがこれと戦闘するに際してとることのできる戦略はいくつかある。ポルノ取引に関わっている者に対する非合法的テロ(焼き討ち、襲撃)といった極端なものから、ソフトなテロ(ポスターへの落書)や言語による直接的抗議、不買運動や街頭でのアピール、マスメディアにおける告発といったものである。[27]そして一つの手段として、法律による禁止の試みなるものがありうる。すなわち、狭義のポルノグラフィの禁止(出版や販売等の

▽24 アンドレア・ドゥウォーキン『ポルノグラフィ——女を所有する男たち』(一九九一年、青土社)三四九頁。
▽25 前掲紙谷四五頁。
▽26 同右。
▽27 マリアナ・ヴァルヴァード「ポルノグラフィーは男だけのものじゃない」(NFR所収二六六頁)。

禁止）を求めて立法を促すことである。こうした時に、この立法請願の過程において、フェミニストたちは異質の人々と連帯をしつつある自分たちを発見することになるだろう。猥褻出版を禁止したいとする道徳的保守派の人々である。[▽28] 猥褻物とされるような表現物と狭義のポルノグラフィ（フェミニストの定義するところのポルノグラフィ）とは、外面に表れる現象面においては相当部分で重なるところがあるからだ。

こうした、立法を通じて反ポルノ闘争を実現するというフェミニスト運動家の最右翼はアンドレア・ドゥウォーキンであった。彼女は前出のマッキノンとともにミネアポリス市の条例制定に直接にたずさわり、これは結局挫折に終わったが、それに続いて一九八四年にインディアナポリス市において、以下のような条項を含む反ポルノ条例を成立させた。これはフェミニストの考える、いわゆるポルノグラフィ（エロティカと区別されるところの）がどのようなものかもうかがえる点において興味深いものがある。

「ポルノ」とは、映像であれ言葉であれ、女性の性的に明白な従属状態の写実的な描写であって、しかも次の要素のうち一つ以上を含むものとする。

(1) 女性が、苦痛や屈辱を快楽とする性的対象として示されている

▽28 内野正幸『差別的表現』（一九九〇年、有斐閣）一八五頁。

(2)女性が、強姦されることに性的快感を覚える性的対象として示されている
(3)女性が、しばられ、切りつけられ、不具にされ、打ち傷をつけられ、もしくは身体を傷つけられた性的対象として、または、手足をもぎとられ、体の一部を切断され、ばらばらにされ、もしくは体の部分へと分断されたものとして、示されている
(4)女性が、物体や動物によって挿入されている状態で示されている
(5)女性が、堕落、傷害、屈辱や拷問の筋書において、これらの状態を性的なものにするような脈絡において、卑猥または劣等なものとして示され、出血し、激しく打たれ、もしくは傷つけられた状態で、示されている
(6)女性が、支配、征服、侵害、搾取、所有もしくは利用のための性的対象として、または隷属、服従もしくは見せ物の姿勢ないし状態を通じて、示されている

そして「ポルノの取引、すなわちポルノの製作、販売、展示または配布」は、差別的行為であるとされて、女性であれば誰であっても、加害者に対して行政上の不服申し立てができることとされた。▽29 つまり、ポルノの取引の立証さえあれば、女性

▽29 なぜに男性に、申し立て適格が認められないのか。LGBTが「政治的正しさ」を象徴する今日であれば、むしろ問題とされそうである。

という唯一の原告適格において、損害の立証などを要しないで直接にこの条項を根拠に、業者に対して行政上の不服申し立てを起こせるということだ。この条例はこの他にポルノ製作への強制的な出演の禁止などの条項も含んでいたが、以下で検討するとおり、表現の自由との関連ではポルノグラフィ取引を禁止する上記の条項が最も重要であるし論争を呼んだところである。そこではまさにポルノグラフィという表現自体が断罪されているからである。

ところで予想されたことではあったが、同市の条例は、表現の自由への抵触を理由とする司法上のチャレンジを受けて、結局のところ一九八五年に違憲無効とされた。▽30 以下ではそれを中心に見てみよう。

▽30 American Booksellers Association, Inc. v.s Hudnut, 771 F.2d 323 (7th Cir. 1985).

5 集団誹謗

インディアナポリスの反ポルノ条例はなぜ違憲無効とされたのだろうか。むろんそれは表現の自由との抵触ということが最大の理由となるのだが、そこに至る前に触れておかねばならない点が一つある。この条例が前提としているのは集団誹謗（group libel）というやや特殊な法制度だが、それと一般的な制度との関係を述べておかないと判りにくいきらいがあろう。反ポルノ条例は端的にいって女性を性的に侮辱することへの異議申し立てと要約しうるものだが、それはたとえばあなたが友人の女性に向かって「売女！」と罵ったときに、当の女性からハンドバッグで思い切り顔を横殴りにされることは別にして、フェミニスト団体などから何らかの法的制裁（犯罪としての侮辱罪とか民事事件としての慰謝料請求とか）が合憲的に科せられる余地があるのか、ということだ。つまり普通の考え方からすれば、集団たる女性一般に対して「このメス豚！」と罵倒することは、犯罪にならない、あるいは民事上の損害賠償責任を発生させないのである。いやむしろ、犯罪としたり、民事責任を発生させることの方が、一般的には問題があるとされるのである。その意味を明らかにするためにはまさに集団誹謗なるものの特殊性を描写することとなろう。▽31

望ましくない言論であっても、それを国家権力が禁止することができないというのは、近代民主主義国家にほぼ共通する基本テーゼである。それが言論の自由、表現の自由というものである。言論に対しては言論をもって対抗すべし、というのが民主主義のルールであるからだ。そうした意味において、それがいかに女性差別的であり、女性への暴力的扱いを正当化するような表現活動であっても、これを禁圧できないとの結論がここから導かれる。ただしこうした立場に対しては、近代民主

▽31 前掲内野三六頁以下。

主義自体が歴史的には男性原理にのっとって作られている以上、それを理由に女性差別的言説の蔓延を許すことがおかしいのだとする反論もあるかもしれない。だが、ここでは一応「近代民主主義」とか「表現の自由の優越的地位」といったゲームの規則を受け入れた上での議論をすることとしよう。

ところがそうした言論の自由についても、禁止される種類の言論なるものが存在する。それは、犯罪の教唆や特定の個人を侮辱したり誹謗したりする類の言説である。これはいずれも、日本であれば刑事上の教唆犯や侮辱罪や名誉棄損罪などの犯罪を構成することになるし、民事上でも不法行為として損害賠償責任を発生させることになる。こうした場合に言論の自由の保護が後退するのは当たり前のようにも思えるが、よくよく考えてみると説明は難しい。言論の自由も絶対的なものではなく、しょせんは対立する利益との比較において、場合によっては劣る扱いを受けることもあるものなのだ、という理解をする他はないのであろう。差し迫った犯罪の防止であるとか他人の具体的な名誉感情や社会的名誉が、そうした対立する保護法益にあたることになる。

ところで、日本でもアメリカでも同じような制度になっているのだが、そこにいう「名誉」は個人のそれに限られている。[32] つまり特定の個人を侮辱したり、その名

[32] 同右三六頁、一四二頁。

誉を傷つけたりする行為が侮辱罪や名誉棄損罪にあたるとされているのであって、民族や集団については、こうして保護される名誉感情や社会的名誉の帰属先とはされていないのだ。▽33 それは具体的にいえばどういうことになるかというと、特定の民族や集団などを侮辱しても、その構成員は侮辱者に対して、精神的な苦痛を味わったことを理由に損害賠償の請求を起こしたり、ましてや謝罪広告の掲載を請求したり、といったことができないとされているのだ。その理由としては、もしもそうした請求を認めることになると被告は無数の訴訟にさらされうることになるから、といったことが挙げられている。さらに考えうる理由として、この場合の保護法益が言論の自由という対抗法益との関係で曖昧になってしまう、ということがあろう。「お前は淫乱だ」と言われるのと「女というものは淫乱だ」と言われるのとでは、同じ侮辱でも苦痛を感じる程度には差があると一応は言ってよかろう。

こうした一般的な法制度に対して、アメリカでは、重要な例外を立法や裁判例によってときおり作り出すことがある。それが集団誹謗なるカテゴリーだ。▽34 たしかに一般論としては誹謗の相手先は個人でなくてはならないにしても、一定の場合には例外が許されるのではないか、ということだ。個人への誹謗は禁止されて集団へのそれが許されるのは変だ、という問題提起には感情論として判らぬものがないではないか

▽33 この問題に関しては二〇一七年段階では、ある程度の対処がなされている。これはいわゆるヘイトスピーチ対策法（「本邦外出身者に対する不当な差別的言動の解消に向けた取組の推進に関する法律」）というもので、いわゆる民族差別に関するヘイトスピーチへの規制を目指したものだ。ただし同法は、いわゆるヘイトスピーチをなくす努力義務を定めるにとどまり、ヘイトスピーチを行うことを違法と位置づけるには至っていない。

▽34 アメリカで集団誹謗が大きく問題になったのは、一九七七年に発生したスコーキー事件として知られるもので、そこではユダヤ人の集落でナチの服装をまとって集会を開こうとしたアメリカ・ナチ党について、そのような集会の自由や表現活動の自由が認められるか、というものであった。

ない。インディアナポリスの反ポルノ条例もこの系譜に連なる立法として、女性という集団へのポルノグラフィを通じての誹謗を禁止した法律という体裁をとったのであった。[35] 言い換えれば、少なくともアメリカにおいては、集団誹謗という枠組みに合致すれば、それはあたかも個人への誹謗が憲法に抵触することなく規制できるように、集団への誹謗も合憲的に規制することができるのではないか、という問いかけである。ただし、集団誹謗なるカテゴリーがアメリカで無条件に認められているかといえば、むしろ違憲論ないし条件付き合憲論が根強いようだ。[36] だから集団誹謗の枠組みにはまることが即合憲的な法律であることの保証にはならないものの、一定の条件のもとに、それなりに説得的な合憲論を展開しうることは事実なのである。そこが、日本との大きな違いである。

しかしながら集団誹謗を違憲とする説の根拠については、インディアナポリス条例の違憲を宣言した判決において的確に論じ尽くされている。すなわち、「政府はさまざまな意見に対する評価を人々の判断に委ねなければ」ならず、「政府は伝達される内容ないし思想のいかんを理由にして表現を規制する権限をもたない」からである。[37] つまりインディアナポリス条例は、性的内容とは無関係に女性を従属させる言論か否かで規制の有無が分かれる点において思想統制である、ということが問

▽35 前掲マッキノン三二九頁。「この条例［ミネアポリス条例］の関心事に近いものが、集団誹謗《グループ・ライベル》に関する法の根底にある。集団誹謗法においては、［……］個人の扱われ方とその人生における選択の可能性とは、個人が好むと好まざるとにかかわらず、事実上、所属している集団の評判によるところが大きいと理解されてきている」。

▽36 前掲内野一〇一頁以下。

▽37 同右一九六頁。

題視されたのであった。また集団誹謗との関連では、「女性を性的に露骨な表現方法で従属的なものとして描くことが［……］集団誹謗の定義にうまくあてはまるかどうかは、明らかでない」として否定的な感触を示唆している。[38] つまりここでは、反ポルノ条例がそもそも集団誹謗のカテゴリーに入るかどうかについて、かなり懐疑的な見方が披露されたということである。

実際、わが国の学説においても、限定的な局面で集団誹謗を合憲的に認めうるという説があるが、その場合もそうした少数者集団をことさらに侮辱する意図を必要としていることの他に、「侮辱」なる行為類型も単に差別的な表現というのでは足りない旨が示唆されている。[39] したがって、インディアナポリス的な反ポルノグラフィ条例はアメリカではもちろん日本において実現したとしても、それが憲法的審査をパスすることは、そもそも難しいものがあるとは言えよう。[40] リベラリズムの立場からはそうした結論となろう。

6 「性の商品化」批判の合唱の中で

こうしてインディアナポリスにおけるフェミニズムと道徳派との結びつきによる

▽38 同右一九七頁。

▽39 同右一六八頁。

▽40 在日朝鮮人などに対するヘイトスピーチが社会問題化する中で、註33に言及したとおり、二〇一六年にいわゆるヘイトスピーチ対策法が成立したが、表現の自由への懸念から、結局のところ禁止規定や罰則などは設けられなかった。

ポルノグラフィ規制の運動は、政治的にはともかく法的にはゼロの状態に戻された。こうした、法律によるポルノグラフィの規制については必ずしもあらゆるフェミニストたちが積極的なわけではないとされており、体制ないし道徳的守旧派と結んでのこうした運動の展開に対する批判もそれなりにあるものとされている。批判の趣旨は明瞭である。それは表現の自由への抑圧に手を貸すことが、逆に自分たちの首を絞める事態にも発展しかねないからだ。▽41 だが、昨今のいわゆる「性の商品化」批判の合唱の中で、▽42 たとえば日本でもそうした冷静なフェミニストだけではないとも思えるような事態が進展しつつあるのかもしれない。冷静を装っていても、いやがおうでも「性の商品化」批判の波の中にさらわれてしまうのだとしたら、そうした事態をいかに受けとめるべきなのだろうか。

前章で見たとおり、一九九〇年のいわゆる有害コミック排斥運動に理論的根拠を与えたのは、伝統的な青少年保護という大義名分に加えて、「性の商品化」批判というものであった。そしてこれも前章で指摘したが、そうした「性の商品化」批判というすぐれてフェミニスティックな論点を、以下で述べるように巧妙に換骨奪胎させて、セックス・コミックの法規制への追い風へと鮮やかに組織してみせたのは体制側だったのである。現実には多くのフェミニストたちは法律による規制への嫌

▽41　船橋邦子「リベラリズムはフェミニズムの敵か」(NFR所収二七六頁)。

▽42　「性の商品化」批判の波は、旧版出版当時の一九九四年前後はともかく、二〇一七年の現在においては、必ずしもそう大きなうねりには至っていないように思われる。むしろ、それよりは児童問題(児童ポルノやJKビジネス)や貧困問題(風俗産業で働かないと食っていけない成人女性など)に目が行っているように思える。

悪を表明しているが、▽43 それはいささか遅きに失した感がある。

ただ理論的な問題としては、リベラルな「表現の自由」解釈を前提とする限り「性の商品化」批判がポルノグラフィの禁止（インディアナポリス条例的な意味で、該当するポルノグラフィの販売を全面的に禁止する）の法的根拠となりえないことは明らかだとしても、有害コミック指定制度（「有害」指定を受けた書籍を青少年に販売することを禁止する措置）のための法的根拠となりえないか、ということは検討の余地のあることではある。青少年条例が一応憲法適合性があるとされているのも、それが全面的な禁止措置ではないこと、青少年には判断能力が万全に備わっていない点で完全な表現の自由＝知る権利の享受を認めがたいことなどが根拠だが、そうした青少年に「性の商品化」傾向の強い作品を見せることを禁止する、という理屈はそれなりに成り立ちうるようにも思われるからだ。

だが、日本における「性の商品化」批判の最大の問題点は、「性の商品化」という大義のもとに要するにあらゆるセックス表現が敵視されていることだ。つまりそこにはエロティカとポルノグラフィという、この議論が大前提とする区分は何一つ尊重されてはいない。かく言えばとて、筆者はこの区分にかなりに懐疑的ではあり、それについても後に触れるつもりだが、少なくともフェミニストのいうエロティカ

▽43　たとえば石坂啓の「コミック表現の自由を守る会」における発言（『誌外戦——コミック規制をめぐるバトルロイヤル』〔一九九三年、創出版〕所収一七七頁）。

とポルノグラフィの分離という視点においては、セックスはすべて悪であり覆い隠すべきものであるという見方は全くない。その一点において筆者はフェミニストと連帯しうるのである。これに対して、日本で展開された「性の商品化」イデオローグは、それがどう利用されるのかという点において、戦略性に欠けるものといえよう。[▽44]つまり「有害」コミック撲滅という体制側の思惑に理論的根拠を与えてしまったことが問題である。「性の商品化」批判が体制による巧妙なフェミニズム理論の換骨奪胎であるとは、こうしたことだ。エロティカとポルノグラフィの分離という初歩的知識も持ち合わせずに安易に「性の商品化」批判に乗ったマスメディアの責任も、また重かったというべきだ。

これに対して、インディアナポリス条例的な意味でのポルノの定義を行った上で、そうしたポルノを青少年に販売等することを禁止する（従って成人への販売は自由である）旨の条例というのは、おそらくわが国では憲法適合性があるとされるであろう。むろんここでは、そうした条例を作ることが賢明であるのかどうか、という論点は全く度外視してものを言っているのである。[▽45]また前章で検討したように、原則的には子供へのポルノ規制は認められるにしても、その実行の方法上の問題が続出することは否めない。現行のわが国の体制ないし風土においていかなる意味でも法によ

▽44　たしかに、前章でも触れた朝日新聞社説「貧しい漫画が多すぎる」では、正統フェミニズム的「性の商品化」批判がなされていたとは言えようが、その発表のタイミングにおいて、これは全く違った文脈に投げ込まれてしまったのである。

▽45　今日の日本で、エロティカとポルノグラフィを峻別して、後者のみを青少年保護条例上の有害図書とするというような、「マニアック」な立法者がいるとは、信じがたい話である。

る猥褻ないしポルノの規制を容認することは、従って、論理の退廃をもたらすというのが筆者の感想である。

7　リベラリズムを超えて

体制ないし道徳的保守派と結びつくことの是非はともかくとして、それではフェミニストたちの言うように、いわゆるポルノグラフィは有害なものなのだろうか。あるフェミニストは、法による規制には反対を表明しつつ、ポルノグラフィは説得等の手段によって撲滅されるべきものとする。その一方で「性幻想《セクシュアルファンタジー》の自由」はそれとして犯されるべきではないとする。それがいかに暴力的で罪悪感に満ちたものであっても。そこでは「そのごくプライベートな幻想でさえ、支配的な文化意識（男権主義）によって作られているものではないかという疑念」が留保されつつも。▽46 フェミニストと目される人々の間でも、同様に「性幻想の自由」を支持する者は決して少なくないようだ。▽47 従ってこうした人々は「フェミニズムが描き出すエロスやセクシュアリティを〝本来あるべきもの〟として押しつける気などは毛頭ない」し、「それではファシストの発想と変わらない」と考えている。▽48 だが、この辺

▽46　前掲木村三九頁。
▽47　白藤花夜子・山口文憲「恋愛とポルノの間の深い溝」（NFR所収六頁）、藤本由香里「女の、欲望のかたち」（NFR所収七〇頁）。
▽48　前掲木村三九頁。

りになるとフェミニズムの中のリベラリストとマッキノン＝ドゥウォーキンに代表される急進派との間には乖離があるように思われる。彼女たちにしてもフェミニズム的理想のセクシュアリティを押しつけようとまでは思ってはいないのかもしれないが、しかし少なくとも、それに反する性幻想の蔓延に対しては法的規制をもって禁圧しようとしているからだ。

リベラリズムという論点との関連では、マッキノン＝ドゥウォーキンは自らを「実質的なリベラリズム」になぞらえているように見受けられる。▽49 つまり、たとえば反人種差別政策に関して白人しか入学させないというポリシーの私立学校に対して助成金を出さないとするのが、（消極的な）リベラリズムとすれば、私立学校に対して白人黒人の共学を強制するのが（積極的ないし）実質的なリベラリズムであるのと同じような意味あいにおいて。また企業のような民間セクターや政府のような公的セクターにおいて、一定割合以上の少数民族の雇用を義務づける措置（積極的差別是正策）が実質的なリベラリズムであるというような意味あいにおいて。だがポルノグラフィという表現を直接的に禁圧する点において、彼女たちのいう「実質的なリベラリズム」は反人種差別のコンテクストにおけるそれとは相当程度に異なると言わざるを得ない。

▽49 前掲マッキノン二七九―二八〇頁。

図1　ジェラルド・ダミアーノ『ディープ・スロート』（1972）

マッキノン＝ドゥウォーキンがこうした「過激な」主張をしても構わないのだとする背景には、ポルノグラフィによる具体的な被害という裏付けがあるからなのだが、そこで象徴的に、そして繰り返して語られるのは、映画『ディープ・スロート』（一九七二年、ジェラルド・ダミアーノ監督）［図1］の撮影過程における主演女優リンダ・ラブレーズ（リンダ・マルチアーノ）に対する暴行・監禁を含む性的虐待のエピソードである。そしてこの映画公開後にリンダが映画の差止め等を求めて戦ったにもかかわらず、多くの裁判所によって退けられた結果である。▽50 だが、咽喉の奥にクリトリスがあるために普通の性交ではオルガズムを得られないヒロインが「咽喉の奥深く《ディープ・スロート》」ペニスをくわえることで絶頂を知るにいたるという荒唐無稽な筋書きを持つこの映画が公開されたことで、映画でのそれを男性によって強要されたことが原因で何人かの女性の窒息死亡事故が引き起こされたという記述▽51 を見るにつ

▽50　同右三〇五―三〇八頁。

▽51　同右三〇八頁、四七四頁。「［……］マルチアーノがミネアポリス市議会で証言したのち、市議会あてに手紙を送ってきた女性がいた。その手紙は、リンダ・マルチアーノが『リンダ・ラブレーズ自伝――「ディープ・スロート」の日々』［リンダが『ディープ・スロート』の撮影時における自分に対する性的虐待等を赤裸々に告白した自伝的出版物］を出版して以来、受け取ってきた手紙の典型的なものである。『リンダ・ラブレーズが女性の市民権のために証言したとの記事を今朝の新聞で読みました。彼女が、出演した映画によって被った恐ろしい損害を、少しでももとどおりにできればよいと願うだけです。この数年間は、私にとっても私の友だちにとっ

け、一面でマッキノン＝ドゥウォーキン的な主張にそれなりの説得力は感ずるものの、その反面で、彼女たちの主張がアメリカという極端に感性の麻痺した人々、狂った文明の国に住まう人々を前提にした主張であるとも感じざるを得ない。フェラチオで人を窒息させるなどということがまともな感覚をもった人間に遂行できるとはとても思えないのだ。マッキノン＝ドゥウォーキン流の主張は過激で極端なものだが、それは過激で極端な性衝動を持つ人々がうようよいる環境だからこそリアリティをもって受けとめられる態のものなのである。これは、ポルノグラフィ禁止法に限らず、アメリカの立法なり法解釈なりを日本に持ち込む際に注意すべきことだ。どう考えてもあの国の人間たちは、どこか我々や他のアジア人と異なるし、ヨーロッパ人とも違う、と思わせることがよくある。マッキノン＝ドゥウォーキン的な考え方がそれなりの支持を受ける土壌とは、決して幸福の土壌ではない。▽52

8 ポルノグラフィとエロティカ再説

レズビアン・「エロティカ」のほとんどは、女と女の性の悦びと、そこから生まれる安心感のようなものを表現しようとしています。登場人物たちは、非常

ても惨めな日々でした。リンダの演技は彼女が行なっていることを楽しんでいると確信させるようなものであったので、私たちの夫は、中産階級の妻である私たちとの生活のなかでだまされているのだと考えはじめるようになったのでした。『ぼくは満足していない』『君はどうすれば女になるのかをわかっていない』と言いはじめました。そして街の若い女性たちは家にいる妻たちよりもずっとうまく〝リンダ・ラブレーズ〟になれることを夫たちに示すようにと洗脳されました。セックスで強要されていることが悩みの種になり、神経衰弱となっている多くの女性を見ました。時代といったようなものについていかねばならないとたくさんの精神安定剤が服用されました。［……］」

に真面目な態度で、性器や全身を優しく愛撫しあいます。そして場所は、たいてい海辺、森、山小屋とか、大自然の中。恋人たちは、互いの中に「自分」を見いだすことを求め、永続的で、魂と魂が結ばれているような親密な関係を望んでいます。「エロティカ」の中で用いられる「小道具」は、鳥の羽とか、心地よい光を投げかける蠟燭、音楽などです。性行為は、花、果物、滝、砕ける波、どこまでも広がる海にたとえられながら語られます。▽53

これはエロティカとしてフェミニストにより肯定される類の性的表現の作品の一つの傾向を記述した文章だが、正直なところ筆者はあまり興味がわかない。まあレズビアン・エロティカではあるから、そもそも男向きではないのだけれど、「非常に真面目な態度で」「互いの中に『自分』を見いだすことを求め」て性行為を行っているなどと書かれているのを見て妙に気恥ずかしくなるのは、それが男権的思考に凝り固まっているからだと批判されればそのとおりなのかもしれないが、やはりちょっと違うのではないか、と余計なことを言いたくなる。「エロティカでは、男あるいは『男なるもの』に少しでも関係があることはすべて抑圧されて」いるとされていて、▽54 これはこれで逆の抑圧があるだけ不自然ではなかろうか。一方、同じ論

さしずめ「もう一つのアスピリン・エイジ」とでも呼ぶべき時代が見透かされるが、重要なことは（細かい検証は省くが）ここでの手紙の作者の夫なる人物のパラノイア的傾向であろう。またしても検証は省くが、これはいかにもアメリカ的な中産階級の夫婦像なのだ。

▽52　これが二十数年前に下した筆者の結論ではあったが、アダルトビデオの三〇年に及ぶ視聴歴を経て、日本のセックスは変わったとも指摘されている。AVでセックスを学んだ男たちが、そこで演じられるような過激なセックスをパートナーに求めるのだという。日本もアメリカ化してきたのかもしれない。

▽53　渡部桃子「ポルノ賛成？　ポルノ反対？」（NFR二八五頁）。

▽54　同右二八六頁。

考で紹介されているレズビアン・「ポルノグラフィ」とは、「一言で言えば、危険なセックスを描いたもの」で「ポルノグラフィというジャンルの約束事を意識しており、それを少々馬鹿にしているようなところ」があって、「矛盾に満ちた『欲望』というものの本質に迫ろうとしているよう」なものだという。これならレズならぬ身でも楽しめそうである。

仮にポルノグラフィは悪でエロティカは善であるという前提を受け入れたとしても、そしてその善を達成するためには悪を法律によって規制することはせずに「説得と抗議」によって駆逐するのだとしても、そこで理想視される善が上記のようなものなのだとしたら、やはり筆者は「悪」の思想をも力強く流通できる自由が確保されるべきだと思う。「説得と抗議」にしても、そうした「悪」の思想の市場を半強制的に駆逐するような方法で行われるべきではあるまい。この日本という国では、「説得と抗議」が何かの拍子にメディアに対して強制力をもってしまうという奇妙な力関係が形成されていることは前章で見たし、またいわゆる差別的表現をめぐって陳謝と言葉の言い換えというかたちで日々実践されていることからも判るとおりだ。▽55 そうしたメディアの在り方自体が批判されてしかるべきだし、情けないことだとは思うが、それを戦略的に逆手にとって市場原理によらない駆逐がなされるべき

▽55 こうした傾向は、昨今ますます強まっているというべきだろう。

ではない。それは戦略的でも何でもなく、単なる官僚機構の醜い利用に他ならないからだ。すなわち、差別的表現とされるものがなされて、それに形どおりの抗議が行われ、そしてメディアがこれまた形どおりの「お詫び」をして言葉の言い換えがなされるというお定まりの官僚機構。これこそが「説得と抗議」の官僚化であり、それへの対応の官僚化に他ならない。こうした官僚化の回路に入ってしまうことは、何よりも表現にとっての不幸だと思うのだ。「悪」の思想が力強く流通できる自由とは、そうした官僚的な回路を経ることなく、エロティカはエロティカで、ポルノグラフィはポルノグラフィで市場を確立すればいい、ということに他ならない。このようなメディアへの官僚的な「説得と抗議」は、この国の特色として、公権力の隠微な介入というもう一つのパンドラの箱を開けてしまうことに繋がることは、やはり前章で見たとおりなのである。

9　ポルノグラフィの幸福と不幸

かくて、筆者は今なおリベラリズムを肯定する結論をとりたいと思う。それは頑強な男権主義の隠れ蓑なのだろうか。マッキノン＝ドゥウォーキンならそう呼ぶかもしれない。だが繰り返しになるが、マッキノン＝ドゥウォーキンの理論はアメリカという病める国の病める人々を前提にした理論である。そうであってすら、裁判所によって否定されたのである。筆者は筆者で、日本という奇妙に官僚的な国と人々の事情を前提にした結論だ。その意味でリベラリズム＝頑強な男権主義という非難はあたらないとは思うのだが、さてこれが女性であれば、リベラリズムを超えて理論構築しなければならないアメリカを選択するのか、官僚主義と故なき男女差別が存在する日本を選択するのか。いずれにせよあまり幸福な選択とは思えないのは、逆に言えば、フェミニズムがいまだに存在すべき理由なるものを反映しているというべきなのであろうか。

「パンツ売りの少女」を批判する言説は、それがいかなる理由に基づくものであれ自由になされればよい。だが、それを公権力により規制しようとするのは、フェミニズム的論拠であれ伝統的道徳観念に基づくものであれ、端的な間違いである。▽56ポルノグラフィにしても同じだ。だが、それでは「説得と抗議」であればよいのかと言えば、それは無論構わないには違いないが、それが官僚的なそれに堕するのであれば、やらない方がましというものだ。かくて、猥褻ないしポルノグラフィをめぐっては「『規制』と『自由』の曖昧な合意装置▽57」の作動のうちに事態は推移して

▽56　前述のとおり、「パンツ売りの少女」たちは罰せられぬまでも、それを仲介するビジネスは青少年保護条例により違法とされるに至ったが、筆者の見方からすれば、これはさしたる根拠のない規制行為に思える。
▽57　大塚英志「作動しなかった『規制』と『自由』の曖昧な合意装置」（『「有害」コミック問題を考える——置きざりにされた「性表現」論議』〔一九九一年、創出版〕所収一五八頁）。

ゆくよりほかになすすべもないのかもしれない。それがこの国の基本的な成り立ちとやらであるならば、それが変化せぬ限り、我々は永久の判断停止状態に置かれてしまうのだろうか。それはしかし、ポルノグラフィにとっての、そして我々にとっての幸福であるかと問われれば、おそらくはそうではあるまい。

幕間　メディア・セックスの彼方に——エピローグ［1994］

映画としてはフィリップ・K・ディック・ワールドの無惨な再現に終わった『トータル・リコール』(一九九〇年、ポール・ヴァーホーベン監督)であったが、そこでは存外重要な指摘もなされていた。アーノルド・シュワルツェネガー扮する主人公が「捏造された記憶」に気づくきっかけとなるのが、「心理観光」とでも形容すべき奇妙なエンターテインメント・マシーンであった。▽1 彼は、美容院の椅子が寝椅子になったようなものに身を横たえながら、皮下注射を施されて、電気的パルスと薬物のコントロール下におかれ、仮性夢の中のセクシーな美女との「火星の旅七日間」に旅立つのである[図1]。数分だか数十分だかの実際の時間の中で、こうした長い夢を売る商売が、「心理観光」なのである。一人の人間にとっての有限の時間を無限化するこの試みは、メディア論からもかなり興味深いものだと言えるが、当面本書の興味の観点から眺めてみたい。むろんこのSF映画の中では、シュワルツェネガーの、美女相手のくんづほぐれつのシーンが描き出されているわけではない。だが、ここで販売されていた仮性夢は間違いなくそうした類のものであったのだ。このエピソードはメディア・セックスの何たるかを象徴的に描いてはいないだろうか。

エロスとは、おそらくは究極的にはこういった頭の中だけで完結してしまう何物かなのかもしれない。「現世《うつしよ》はまぼろし、夜の夢こそまこと」とつぶやいた乱歩を

▽1 同映画の原作は、ディックの『追憶売ります』だが、そこでの夢の付加マシーンは、こうした派手なものではなく、単にベッドに横たえられて、麻酔薬を施されるのみであった。

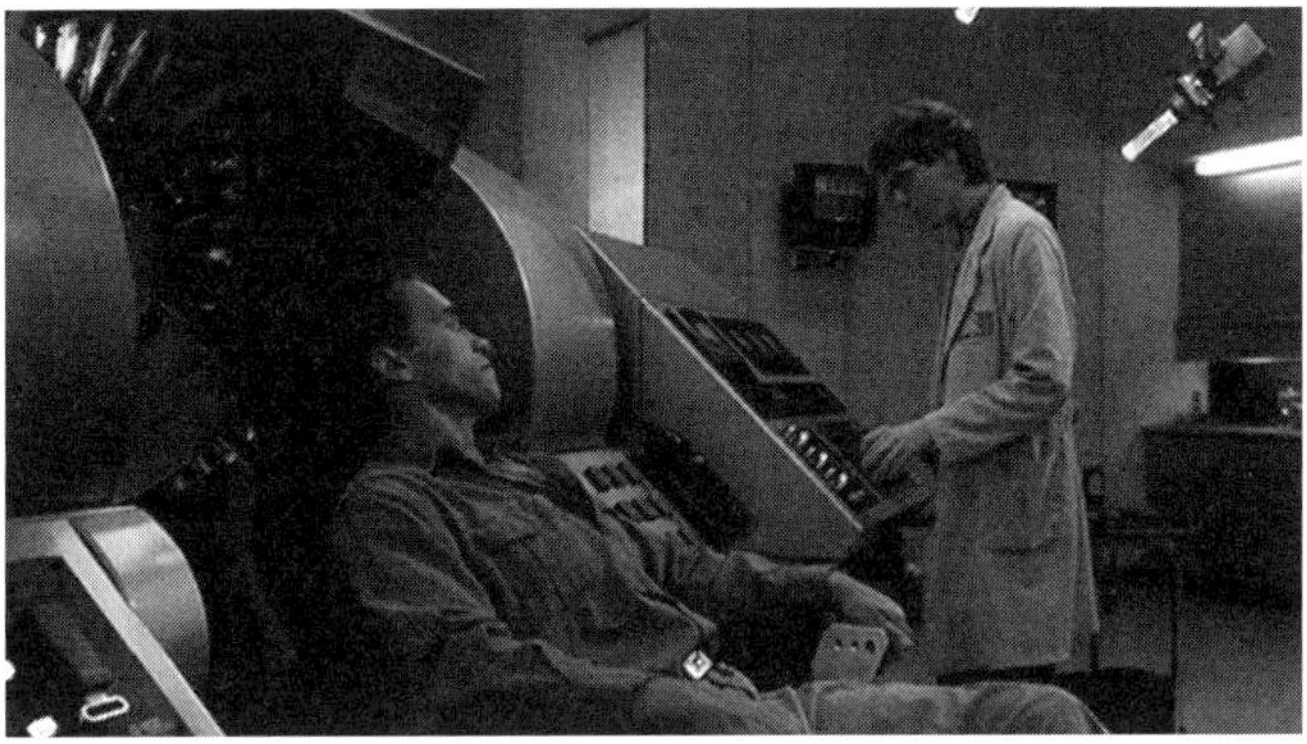

図1　ポール・ヴァーホーベン『トータル・リコール』(1990)

まつまでもなく、多くのクリエイターたちは情報の受け手の脳髄にしみわたるような「夜の夢」＝エロスを構築することに心を砕いてきたわけだが、ある種の薬物と電気パルスとで脳髄への直接アクセスが可能になってしまうのだとしたら、そうした努力は技術の未成熟な時代における幼稚な代替手段だったということなのだろうか。法律で所持や吸引が禁止されているドラッグが「脳髄への直接アクセス」的効能を持っていることはたしかだろうが、仮に、副作用や人格崩壊を引き起こさない「安全なドラッグ」が発明され、薬物として使用できる認可がとれて、そして夢の解像度とリアリティが従来のドラッグなどとは比べものにならぬほどに優れていたならば、さらにそうしたドラッグの見せる夢がコントロール可能な夢ならば、果たしてそれは、『トータル・リコール』で描かれたような「心理観光」的なエンターテインメントを生むのだろうか。

ドラッグはいざ知らず、メディア・セックス化の動きというものは昨今の情勢の中にも明らかに見てとれよう。▽2 若年層における電話メディアの異様な盛り上がり、コスチューム・プレイ的なものへの関心、CD-ROM系出版物の隆盛、パーソナル・コンピュータの普及、等々。さらには前章でも書いたように、エイズの恐怖やフェミニズム的言説の表層的な普及なども、少なくとも従来的な「販売されているエロスをナマの形態で購入する」という活動を萎縮させる方向にはたらく。つまり販売形態のものであれば「調理済みのエロス」でないと危ない、ナマのエロスを買うのは格好悪い、というメンタリティが支配的になりつつあるのかもしれない。▽3

ところで本書の関心からいけば、脳髄に直接アクセスするようなエロスについて、いったい公権力はいかなる規制を及ぼすことができるのだろうか、という点が問題となりうる。女子高生の売るパンツへの規制の困難性が象徴するように、権力は人間の内心に踏み込むことはできないのである。それはほとんど物理的に不可能であるし、規範的にも許されることではない。だが仮にメディア・セックス的なものがエロスの主流になってゆくのだとすると、警察は『トータル・リコール』の仮性夢

▽2 もちろん、これは一九九四年当時のことである。

▽3 これまで何度か指摘したとおり、今日まで続く「ヴァーチャルセックス」的なものへの支持傾向である。

のメニューをあげつらって規制を及ぼそうと試みるのだろうか。それとも、権力にとって規制の空白地帯を作るような、そんな「危険な」薬物は絶対に認可されないで終わるのだろうか。しかし『トータル・リコール』の仮性夢マシーンは極端な例であるとしても、もう身近には、女子高生のはき捨てたパンツで甘美な夢を見ることのできる人だっているのである。

「夢を規制すること」こそが規制する側の究極の夢なのかもしれない。だが、これまでも見てきたように、公権力側はすでにして息切れを起こしているのが現状のようだ。旅行者の手荷物の中の『ハスラー』誌を探し出すことには勤勉でも通信回線の中を駆けめぐるエロスには無関心である。ＡＶの中のヘアには神経質だが「芸術家」が描くヘアには目をつぶる。パンツ売りの少女もデートクラブも、取り締まりたくて仕様がないものの、決定的な根拠に欠ける。▽4 彼らはナマなエロスの扱いには慣れているものの、「夢」と化したエロス、メディア化されたエロスをどう扱ったらいいのか分からないからだ。

それではメディア・セックスの時代はエロスの黄金時代が到来するのだろうか。さて、それは受けとめ方次第であるとはいえよう。だが一つ言えることは、従来的な、論理や理屈の片鱗も読みとれないような猥褻規制アプローチは崩れ去らざるを

▽4　Ⅵ章で言及したように、大都市圏における一連の青少年保護条例の改正によって、いわゆるブルセラショップは、営業を困難にされたが、それは理論的には問題なしとしない。

得まい。たとえば、規制根拠として最も安定的であるかに見えた「青少年保護」にしても、近時は、それが「児童の権利に関する条約」に違反するのではないかという新たな問題提起にさらされている。青少年保護条例に基づく「有害」図書等の指定制度が、あらゆる情報に対する児童のアクセスの自由を保障した同条約に反しているのではないかというのだ。そうした時代に、規制側は果たして、新しい論理を武器に彼ら自身の究極の夢をメディア・セックス規制に向けて花開かせることができるのかどうか、それは一個の見物《みもの》であろう。それはまた、非メディア・セックスにいかなるかたちで還元され反映されるのか。規制側がそうした反撃に転じるとき、エロスはどんな逃げをうつのだろうか。人類最古の職業と称されるエロスの直接売買は手を換え品を換えながら、「イメージとしての性」の売買へと変容してきたわけだが、果たしてそれは、新たな規制の壁に阻まれるとき、いかなる「走り」をみせるのだろうか。

そうしたわけで、エロスは今後も、走り続けることを止めるわけにはゆかない。

②

2017

Ⅶ

「フリー経済」の果てに——ビデ倫摘発／海外配信

1　今もまだ、エロはメディアを先導するのか？

　これまで、ほとんど常に、新たなメディアは「エロ」によって先導されてきた。ビデオしかり、ダイヤルQ^{2}しかりである。▽1 エロを見たいという人間の欲望が、「見慣れないメディア」や「高い料金負担」という壁を乗り越えさせて、そこに食いつかせる。だから、新たなメディアの立ち上げ時には、エロを投入する。さらにはそうした戦略が、既存のメディアであっても、別の競合メディアとの競争にさらされた時に採用されることは、たとえば、テレビメディアの台頭によって存続の危機に立たされた映画メディアが、エロを投入することで乗り切ろうとした事例（日本でいえば、新東宝映画のエログロ路線や日活によるロマンポルノへの路線変更など）などからも明らかだ。近時の例としては、電子書籍において売上を伸ばしているのはBL（ボーイズ・ラブ）ものだと言われており、要するに、BLの主要な顧客層である独身女性らが、書店で堂々と購入するのをためらわれるBL書籍を、インターネット市場で人目をはばかることなく買える点が受けているというわけだ。これもまた、エロがメディアを先導する典型的な事例である。

　だが当然ながら、エロが先導すべきメディアとは有償のメディアのことである。

▽1　ダイヤルQ^{2}についてはⅠ章参照のこと。

というか、インターネットが登場するまで、メディアが有償なのか無償なのかなどということを、誰も問題にすらしなかった。たとえば、映像の有料ネット配信市場などは、エロが先導してくれそうな、典型的な新メディアのはずだった。▽2当初、マスコミや官僚たちは、有料ネット配信なる新市場を立ち上げるために、そこで配信されるべきコンテンツとしてテレビ番組に目をつけ――なぜならそれらは無尽蔵に存在し、また日々増産されているから――たが、しかし、それが権利処理の関係から、そう簡単にネット配信に載せることができないと知るや、著作権法を改正してより簡便な権利処理ができるように様々な提案が行われたりしたものである。

だが筆者などはハナから、こうした動きに冷笑的であった。有料ネット配信で稼げると考えれば、コンテンツ・ホルダーとしてのテレビ局は誰に言われなくとも、自ら権利処理に乗り出すものだ。権利処理など「決め」の問題にすぎないのだから、ネットには絶対に自社のタレントを出さないとする一部の有力芸能事務所を除けば、本気でテレビ番組をネット配信しようとすれば、できない道理はないのだ。そうした動きがなかったのは、少なくとも立ち上げ当時の有料ネット配信市場において、それだけのコストをかけてもテレビ番組は勝算がないと見ていたからである。▽3当然だろう。タダで見ることのできる、しかもすでに放送済みのコンテンツなど、誰が

▽2　ネット配信に先だって、一九九一年、「空からスケベが降ってくる」を合言葉に、当時一世を風靡していた村西とおる率いるダイヤモンド映像は、AV映像の衛星放送事業を開始した。

▽3　その証拠に、同じく権利処理が厄介だとされていた実写テレビ番組のビデオグラム化については、現在ではごく普通に、多くのテレビドラマがDVDやブルーレイで市販されたり、レンタルされたりしている。

カネを払ってまで見るものか。著作権法を改正してテレビ番組の権利処理を簡便にしたからといって、テレビ局はネット配信への番組提供に熱心になるわけもなく、ユーザーが増えるわけもない。勃興期の有料ネット配信市場にユーザーを集めるには「エロ」を投入するしかなかったのだ。だから、そんな当たり前のことに目をつぶって、著作権法を改正してどうこうしようという発想自体が、まるでバカバカしいことにしか聞こえなかったのである。

だがここで問題にしたいのは、その点ではない。NHKが自社番組を有料でネット配信しはじめ、民放各局もそれぞれ単独ないし集団でネット配信を行い、またHuluやNetflixといった海外発の有料ネット配信サービスも開始され、一見活況を呈しているかのごとき状況であるが、いまだ日本でネット配信事業が本格的に軌道に乗った手ごたえはない。爆発的な普及などというには程遠い。おそらくその最大の原因は、エロの不在なのだと思われる。というか、有料ネット配信におけるエロの問題は、そのずっと昔に隆盛して、いまや下火になってしまったものと思われる。だから今さらエロが登場のしようもない。その間の事情を物語るためには、この三〇年ほどのエロ映像（AV映像）の推移を見てゆかねばならない。

2 AVの三〇年史

(1) 黎明期

日本のアダルトビデオ(AV)の嚆矢は一九八一年に発表された『ビニ本の女・秘奥覗き』と『OLワレメ白書・熟した秘園』とされている。▽4

家庭で映像をタダで視聴できる機械としてのテレビが映画を駆逐したり、その映画がテレビに対抗するため巨大画面の七〇ミリを導入したりというように、メディアの歴史が技術革新の歴史と切っても切り離せないのは、エロメディアにおいてもまったく同じで、AVなるジャンルの誕生には、軽くて小型のビデオ撮影機の導入(そして、そのように撮影されたAV映像のコピーを家庭で再生する再生機の普及)が深く関与している。▽5 こうした撮影・映写機器の軽量化・カジュアル化、上映環境の非公然化は、AVなるジャンルをドラマ的なものよりはドキュメンタリー的なものへと向かわせた。つまり、新東宝エログロ映画や日活ロマンポルノが、従来的な映画(ドラマとしての映画)の延長線にあったのとは異なり、AVはむしろそれとは断絶された、新たなジャンルのドキュメンタリー作品としての発展を遂げたわけである。

▽4 藤木TDC『アダルトビデオ革命史』(二〇〇九年、幻冬舎新書)四〇頁。

▽5 以下の記述は、藤木前掲書に大きく依拠している。

機材は安価、登場人物も最少限（主演女優と、カラミの男優がいるかいないか）、スタッフも極少（極端な場合には一人だけで済んでしまう。いわゆるハメ撮りである）となれば、一本当たりの制作費は当然ながら、劇場用映画などとは比較にならない低価格に抑えられる。ピンク映画やロマンポルノとは比べものにならないような量産が可能となるわけで、ここから前記村西の衛星放送構想＝「空からスケベが降ってくる」も冗談ではなくなるわけだ。▽6

こうしてＡＶは量産され、また一九八四年ころより、それまでのエロ映画では見たことのないような美少女がモデルをつとめる作品が登場し始めることによって、非常な人気を獲得するようになり、参入メーカーはひきも切らない状況となる（最盛期を過ぎた現在ですら、年間一万タイトルを超えるＡＶ作品が作られているという）。そして当然ながら、ＡＶは合法的商品として、あるいは合法的商品であることの自覚のもとに、流通されてきたからこそ、それだけの巨大なマーケットを形成しえたわけである。

そうしたＡＶとは、その出自において、レンタルビデオ店での目玉商品として位置づけられたわけで、その点は最初に述べた「エロがメディアを先導する」の典型例であるのだが、ここで注目したいのはレンタルビデオという側面である。つまり

▽6 「今まである日本のエロ映像を集めて、あとはもうこの指止まれでコンテンツホルダーになって、全部のＡＶメーカーから映像を供給させて、私がそこでピンハネして業界を牛耳ろうって思ったのです」（中村淳彦『ＡＶビジネスの衝撃』〔二〇一五年、小学館新書〕五〇頁で引用される村西とおるの発言）。

それはレンタル用の商品であって、そもそもはセル商品ではなかった。そして一九八〇年代において、ビデオ（VHSないしベータカセット）がレンタル市場で合法的に流通できる商品たることの担保は、自主検閲機関によるお墨付であった。すなわち、レンタルビデオ業界は、自主検閲機関として、ビデ倫（日本ビデオ倫理協会）を必要としたのである。ここまでは、映画における映倫とそう違いはない。

(2) ビデ倫

ビデ倫は一九七二年に発足している。映倫から分離独立して発足したという経緯から明らかなように、その目的とするところは、自主的な検閲機関を作ることによって、表現活動への公権力の直接的な介入を牽制することにある。しかし、これはⅣ章において検討したとおり、そうした存在意義ないし主張を権力の側で受け入れてくれるかどうかは、定かではない。案の定というべきか、自主検閲機関ないし映像業界の側のこうした期待は、映倫への公権力の介入（『黒い雪』事件）▽7に続いて、ビデ倫への摘発・介入もなされたことにおいて、またもや裏切られることになるのだが――またその裏切られ方も、映倫のときとは異なるねじれを見せてはいるのだが――それについては後述することとして、ＡＶの三〇年史を並走したビデ倫の立

▽7　東京地裁昭和四二年七月一九日判例時報四九〇・一六以下。Ⅳ章を参照のこと。

ち位置を見ていこう。それがとりも直さず、ビデ倫摘発事件の背景を物語ることにもなるのだから。

最初の転機は一九八五年だと言われている。それまではビデ倫の審査を受けずにＡＶを売っていたメーカーが大挙してビデ倫に加盟した。その背後にあるのはレンタルショップの急増で、こうしたショップの集客上の目玉は歴史的な名画などではいささかもなく、端的にＡＶなわけであった。そうした数多くのショップにＡＶを納品する問屋にとっては、ビデ倫審査済みというお墨付を得ることが、流通過程での摘発リスクを回避する上で重要と考えられたという。[8]さらには一九八五年二月に施行された新風営法を契機に、警察が行政指導を行い、ビデ倫審査を受けていないビデオは猥褻ビデオと判断して、摘発もありうると宣言したという。こうした処置により、ＡＶメーカーの多くはビデ倫加盟を余儀なくされることになるが、このような強権的なビデ倫加盟への誘導は、当然ながら、ビデ倫と警察との癒着を疑わせもするもので、[9]後のビデ倫摘発事件の布石ともなっている。

ところで、自主検閲機関としての立ち位置からして、当然ながら、そこでの審査基準は、非加盟メーカー（インディーズなどと称された）が自ら「猥褻ではない」として送り出すＡＶ作品のそれよりも、厳しいものとなる。具体的にいえば、アナルと

▽8　前掲藤木二二〇頁。

▽9　「ビデ倫の事務局は代々警察退職者で占められてきた」（足立倫行『アダルトな人々』（一九九五年、講談社文庫）二九〇頁）。

ヘアの扱いに、その差は露呈することとなる。性器は当然のこととして、アナルとヘアについても、ビデ倫はモザイク処理を要求したわけである。ところがAV以外での性表現に目を転じれば、一九九一年においては、樋口可南子の『water fruit 不測の事態』、続いて宮沢りえの『Santa Fe』の出版により、ヘアヌード写真が事実上解禁されたと世間的には受け止められたが、これも一九八〇年代初頭より広まっていたビニール本の根強い影響の果てに咲いた花である。[10] つまり一九九〇年代初頭においては、写真集に関する限り、ヘアは解禁されたと受け止められていた時代風潮があったわけである。そのことは、動画としてのAVに影響を与えぬわけがない。

ビデ倫が審査の対象としていたのはレンタルビデオであった。それは、ビデ倫がセルビデオを排除していたということではなく、初期のビデオ市場においてはセルというジャンルがほぼ存在していなかったからであり、それはAVのみならず一般的なビデオにおいても事情は変わらない。それが、レーザーディスク等の普及によって一般ビデオにおいてセル市場が立ち上がってくるのとほぼ時を同じくして、AVにおいてもセルが台頭しはじめる。[11] そして、セルAVを一挙に流通させたのが、全国にフランチャイズショップを一〇〇〇店開業させた、自主流通メーカーの「ビデオ安売王」（一九九三年に市場参入）だとされている。ビデ倫がヘアとアナルの露出

▽10　本書「プロローグ」参照。

▽11　AVのレーザーディスクも発売されたという（前掲藤木二〇一頁）。

を許さぬ一方で、これらのセルＡＶ業者はビデ倫に加盟することなく、ヘアとアナルをモザイク処理しない映像を量産していくこととなる。[12] こうして、同じＡＶでありながら、レンタル商品とセル商品との間に、決定的な溝が生まれる。

セルメーカー側は、有力業者を中心に、メディア倫理協会（ソフト・オン・デマンド系）、日本倫理審査協会（北都系）、全日本映像倫理審査委員会（桃太郎映像系）など、次々と独自の審査機関を立ち上げ、ヘア／アナル解禁商品に関して、ショップに対し安全性をアピールすることとなる。一方で、レンタルメーカーの側からも、保守的なビデ倫審査への反発の動きとして、日本映像ソフト制作・販売倫理機構（クリスタル映像系）が設立されるに至る。[13]

こうしたことを背景に、二〇〇六年八月より、ついにビデ倫は方針を転換して、[14] ヘア／アナルの解禁はもちろん、本番や性器の形状がはっきりと分かるレベルのモザイクも容認する規制緩和に踏み切る。しかし、翌年の二〇〇七年八月、警視庁はビデ倫に対し家宅捜索を強行、二〇〇八年三月にビデ倫幹部がわいせつ図画販売幇助の容疑で逮捕されるに至る。自主規制団体としては最後まで保守性を保っていたビデ倫が真っ先に槍玉にあげられたのは皮肉であるが（しかも、その他のセル系の審査団体に対しては、その後に表立った警察からの動きはない）、裏の事情としては、そもそも

▽12　前掲中村九〇頁。
▽13　前掲藤木二一〇頁。
▽14　園田寿・臺宏士『エロスと「わいせつ」のあいだ——表現と規制の戦後攻防史』（二〇一六年、朝日新書）一〇六頁。
▽15　「アダルトビデオの審査団体の多くは、警察ＯＢが天下って当局との調整役をする。ビデ倫は強制捜査の数か月前に警察ＯＢが退任をして、警察関係者が不在の間に摘発が行われた」（前掲中村二〇六頁）。
▽16　ビデ倫の審査部統括部長および審査員の三名が起訴され、最終的に二〇一四年に全員につき有罪が確定、ビデ倫は二〇〇八年に新組織である日本映像倫理審査機構に業務を移管させた。
▽17　一九七九年、当時の東京地裁は次のように述べている。
「近時、我が国においてもテレビ、映画、単行本、雑誌、新聞紙等様々の媒体を通じ、

他の審査団体からの密告によって警視庁がビデ倫への家宅捜索をしかけたのだという。これらの団体のバックにつく警察関係者同士の内輪もめが原因とされている。[15] 本当だとすれば、実に陰惨な話である。警察官僚の内ゲバが、表現の自由の砦（少なくとも、建前上は、それを自負してきた機関）を潰しにかかったわけであるから。[16]

3　エロの遍在

ところで、ビデ倫裁判において弁護側が依拠した理屈の一つが「エロの遍在」論である。すなわち、一九八二年の『愛のコリーダ』東京高裁判決においては、社会通念によって定義づけられるところの「わいせつ」概念の判断にあたっては、普通人の到達した性表現への「馴れ」や「受容」と、捜査機関の「放任」を重視すべきであるとした。[17] つまりビデ倫裁判は、それ以前の『愛のコリーダ』の写真集や日活ロマンポルノが槍玉にあげられた裁判と比べてもユニークな側面をもつものだ。一九九一年以来、写真メディアとしてはヘアは解禁されたと受け止められ、また二〇〇〇年前後からヘアとアナルを露出したセルビデオが堂々と販売されているという環境において、このような「馴れ」「受容」「放任」が認められるべきではないのか、

映像、絵画、小説、記事その他の文章等の様式で、性に関する描写、叙述が大量に取り扱われ、その表現の程度も大胆、率直化し、往時にはタブー視されたような性表現方法が公開流布され、漸次、その程度を高めつつあることは周知のところであり［……］右のように巷間流布されている性表現のうち多くのものが、捜査、訴追機関により、わいせつ文書、図画等としての処罰の対象に取り上げられることなく、流布するに任せられていることは弁護人提出証拠の前記書籍、新聞等によって認められるところ」

であり、

「このような放任の状況は前期普通人の意識において漸次肯定され受け容れられるに至っている性表現の程度を反映すると共に、その種性表現の

ということである。
裁判所は、しかし、通り一遍の判断で、弁護側のこうした主張を退けるのである。「被告人側の主張にはあまりまともに向き合わない刑事裁判所」という、例によっての問題はあるのであるが、ここではむしろ「エロの遍在」を示すものとして、もう一つのことを指摘してみたい。それはインターネット送信サイトの存在である。

そう、海外のサイトから受信可能な、日本のポルノ映像のことである。こんなものが普通に受信できる環境で、いまさらヘアやアナルが映っていることがわいせつであるとか、モザイクの消しが薄いからわいせつであるなどと議論していること自体が、はなはだしくバカバカしい事態であることは明らかだからだ。

(1) 海外サイト

性器、すなわち勃起した男性器や女性器を露出した状態での画像を国内で普通に流通させれば、本書の理念を離れた実務的な判断としては、猥褻図画の頒布として、刑事罰は免れない。もちろん現実にはそうした画像は存在しはしたが、それは裏ビデオと呼ばれ、アンダーグラウンドな存在である。ところがインターネットのおかげで、アンダーグラウンドな存在がそうでもなくなってしまったのだ。海外サイト

程度が一般に性秩序や性風俗に対する脅威とは感ぜられなくなったことを推測させるものと考える」(東京地裁昭和五四年一〇月一九日判例時報九四五・一九)。

▽18　ところが、海外の配信サイトからポルノ映像を配信することで、日本の刑法の適用を一〇〇%免れることができるかといえば、必ずしもそうは断言できない。たとえば、日本国内から、そうしたサイトの管理を行っていれば、刑法は適用可能といえよう。日本国内で犯罪行為の一部がなされたことになるからだ。ただ、通常はそ

というやつである。

海外の多くの国ではポルノは解禁されているから、そうした国でポルノ映像を販売するということは、（青少年に対するアクセス規制などを遵守することを条件に）基本的には合法ということになる。ところで、ここにいう海外サイトとは、日本国外にサーバーを置きながらも、顧客としては日本人を意図していると思しいものを、主に問題にしている。つまり、日本語で表示されるサイトであって、販売される映像は、日本製のいわゆる流出ＡＶだったり、日本版ＡＶの海賊版だったりするようなものである。

因みに、海外からポルノを配信しても、日本で処罰されないのは、猥褻物頒布罪が国外犯とされていないからである。国外犯とは、刑法の概念で、日本国外で犯された犯罪であっても、日本の刑法が適用されるものを国外犯と呼ぶ。殺人罪などは典型的な国外犯だから、たとえばフランスで日本人がチリ人に殺害されたような事件であっても、日本の刑法の立場としては、そのチリ人をわが刑法に違反した犯罪者として扱いうるとする（現実に犯罪捜査ができるかどうかは別として）。しかし、猥褻物頒布罪は、そうしたものではないと刑法上明確に位置づけされているのである。▽18

ＡＶの世界に海外サイトビジネスが登場したのが二〇〇〇年前後とされている。▽19

うした管理行為が目に見えるかたちではなされないので、現実の摘発・立件は困難なことが多かろう。しかし、二〇一四年には、エロ映像の投稿サイトとして知られるアメリカのＦＣ２の実質的な運営会社とされる、日本の会社の経営者が逮捕された事件などが起こった。しかし、さらに一歩をすすめて、二〇一七年には大手の無修正ポルノ映像配信サイトであるカリビアンドットコム関連会社のアメリカ人社員が、沖縄旅行中に逮捕されるというケースが起きた。報道では、日本においてポルノ映像を調達する会社が摘発されたことに伴い、その共犯として摘発されたということだが、仮に事実関係がＦＣ２などとは異なり、日本で摘発された会社がカリビアンの実質運営会社ではないのだとしたら、国外犯概念の実質的な潜脱となりうる法解釈ではあるまいか。

▽19　前掲中村六八頁。

それは必ずしも、海外にサイトを置きながら日本の顧客に向けて無修正動画をガンガン販売しようということだけではなく、海外の顧客に向けて無修正動画を販売するという側面もあったようだ。このころには、日本で独自に発展したＡＶが、それこそクールジャパンよろしく世界的な人気を博しつつあったのである。[20] まずは、こうしたビジネスはＤＶＤの販売サイトとして離陸することになる。いわゆるＥＣ（エレクトリック・コマース）サイトである。そこで販売されていたＤＶＤには、当時日本でも流行っていた薄消しないし極薄などと呼ばれていたモザイクの薄いＡＶや裏ビデオの類もあったという。ポルノが解禁されている国であれば、裏ビデオも大手を振って合法的に販売できたわけである。しかし、インターネット通販で買えるこうしたＡＶを日本のファンが見逃すはずはない。そして、やがて時代はネット配信へと移行してゆく。ＤＶＤであれば、それを日本に取り寄せる際に、税関検査で没収されるという若干のリスクはあったが（ただしレターとして発送できるため、現実にはそうしたリスクは極少とはされる）[21]、ネット配信ではそうしたリスクは完全に払拭されることになる。

しかしながら、ネット配信、それも海外サーバーでのそれというビジネスモデルは、配信元においてひとたび海賊版ＡＶの配信の誘惑に陥った場合、そこから容易

▽20　たとえば「顔射」ないし「ぶっかけ」なるジャンルＡＶは、一九九〇年代後半にアメリカに紹介されて大きな話題を呼び、後に **Bukkake**（ブッカキー）という言葉を英語に定着させるに至った（藤木ＴＤＣ『ニッポンＡＶ最先端――欲望が生むクールジャパン』〔二〇一五年、文春文庫〕一八頁）。

▽21　前掲藤木革命史二三六頁。

には抜け出せないものでもある。どこの誰が実質的な配信元か分かりにくいうえに、多くのAVメーカーは零細企業であって、勝手に配信をされて権利侵害をされたとしても、それをアメリカで訴えるだけの気力も体力もない。「ネットに流通する多くが海賊版」[22]とまで称されていることはあまりにも問題だろう。[23]だがことの是非はともかく、そうしたわけで、いまやネット上では無修正のポルノ映像がきわめて安価に利用可能な状態となっているのである。

(2) 映像投稿サイト

しかし問題はこれで終わらない。海賊版の配信であれ正規版の配信であれ、これらネット配信サイトは基本的には有料での配信をビジネスとしているわけだが、彼ら自身がさらなる脅威にさらされるのが、YouTubeに代表される映像投稿サイトである。むろん、権利者に無断でこの種のサイトに映像が投稿されれば、それは違法な事態であり、多くのサイトでは権利者の通報によって、こうした違法投稿映像をテイクダウンする仕組みを備えている。だが、これは所詮イタチごっこである。テレビ局のような大手企業であれば、自社の番組が違法にアップされていないかを常に監視し、それを見つければ、テイクダウンを促すという体力はあるが、AVメ

▽22　同右二三八頁。
▽23　黎明期の日本のレンタルビデオ店においても、多くのショップが海賊版ビデオを扱っていた。こうした商売のあり方を改めさせるため、いわゆるハリウッド・メジャーは徹底したキャンペーンを張って、多くの刑事告訴や民事訴訟を起こして、レンタルショップから海賊版を一掃したのである。つまり、それくらいのカネと手間をかけないと、業界全体に広がった海賊版を掃討することはできないのである。

ーカーの多くにはそれだけの体力はないのは、海外配信サイトで海賊版を流されていても、それを叩けないことを見れば明らかだ。

デジタル化で中古市場が活性化して新作が売れなくなったところに、インターネットが普及してファイル共有サイトが全盛になっちゃった。一本、発売日に誰かが買ってきてそれをネットにアップロードして、コミュニティーでデータを共有するわけ。本来だったら観ている人間全員が新品を買っていたはずなのに、新作をすぐに無料で観ることができる。もう、どうにもならない。無理。ひとたまりもない。▽24

これがエロ映像の享受をめぐる今日の様相である。冒頭、エロがメディアを先導するとのテーゼが、有料配信ビジネスにも当てはまるのかどうか、という謎かけをしておいた。日本のAVがレンタルに始まりセルを経て、周辺エロ業界の影響を受けつつ、より「見える」方向へと進化をとげ、やがてそれが海外で人気を博すことで、無修正動画が日本に逆輸入され、それがインターネットと融合して、今や個人が自宅で容易に無修正動画を鑑賞できる環境になってしまった。しかも、その一部

▽24 AV監督・松本和彦の言葉（前掲中村二一四頁）。

は無料ですら観られるのである。このように無修正なエロが遍在する環境にあって、もはや誰も、モザイク修正のかかったAVを、わざわざカネを払って配信を通じて観たいとは思わぬだろう。その意味で、エロはたしかに、海外有料配信メディアというメディアを先導したことは事実である。だが、それを日本国内でのビジネスとするには、もはや完全に時機を逸したし、猥褻規制を残したままではとても太刀打ちのできないものとなっているのである。いいかえれば、エロ映像配信は、このようにして、いわゆるフリー経済の前に屈したことになる。

Ⅷ

エロい芸術
――権力とエロの付き合い方

1　エロと助成金

(1) 某映画祭の風景

数年前に、地方の某映画祭の最中に、モロ出しエロ映画の上映を観た。男性器が女性器に出し入れされる様がまざまざと映っている映画だ。特に「アート映画」っぽい雰囲気はなかった。ある時期にいわゆる「洋ピン」（洋画ピンク映画）のスターとして日本でも人気を誇っていた西洋人ポルノ女優の主演する映画である。そんな映画が無修正で上映されたのは、当然ながら映倫の審査を通ったものではなく、映画祭側が独自に輸入して、字幕をつけて上映したのである。地方の映画祭の常として、地元自治体からの助成や、場合によっては国家レベルの助成（芸術文化振興基金）などを得ているもののはずである。東京においてささやかな名画座を経営もする筆者は、それを何とはなしに面白くないこととして見たわけで、それは単に同じ映画上映者として、オレもその種のカネを貰いながらこうしたホンバンモロ出しエロ映画を上映してみたいもんだ、といったちっぽけな嫉妬心からにすぎないのだが、翻って、エロ面でのコントラバーシャルな対象に関しての文化助成や公共施設の関

▽1　ただし、この映画祭での当該エロ映画の上映は、助成金を出す地方自治体等には「ダマテン」でなされたはずである。女性器と男性器の結合を如実に映し出すものので、明らかに日本では猥褻物とされる類の映画だからだ。映画を観た市民から市役所などに苦情がよく行かないものだと思わせるが、それだけ固い信頼関係が、映画祭の実行委員会と観客の間に共有されていたのかもしれない。

与はどこまでなされるべきなのか、むしろ謙抑的であるべきなのか、ということも同時に考えさせられた。▽1

似た問題はアメリカでもあった。日本の芸術文化振興基金と同じような立ち位置にあったのがNEA（National Endowments for the Arts）だが、一九八九年に、同機関が「反キリスト教的」な芸術に助成をしていることを問題視する共和党系の議員らから非難を受けた。そのあおりで、同機関からの助成金を受けていたロバート・メイプルソープの写真展が、会場となるはずであったギャラリーからキャンセルを受けるという問題に発展し、またNEAの助成審査に連邦議会が介入する事態に至ったのである。▽2 伝統的に「小さな政府」を志向するアメリカの共和党が、こうした芸術助成に異議を述べることは、反キリスト教的云々が、バイブルベルトを思わせる、いかにもな狭量感を漂わせていることへの嫌悪感はありつつも、理解可能な話ではある。

大げさに聞こえるかもしれないが、この種の助成金は、日本においてすらも憲法問題として語られうるものである。日本国憲法八九条は「公金その他の公の財産は［……］公の支配に属しない慈善、教育若しくは博愛の事業に対し、これを支出し、又はその利用に供してはならない」と定める。その趣旨としては「慈善・教育・博

▽2 大橋敏博「米国芸術基金（NEA）訴訟を通じてみた芸術支援の一側面――芸術への公的助成と議会統制」（『総合政策論集』第六号（二〇〇三年八月）一七頁）。なお、この事件をきっかけに、NEAが助成審査の際に「品位に関する一般的な基準及び米国民の多様な信念・価値観の尊重を考慮するものとする」とする改正法（「品位と尊重」条項）を連邦議会は制定した。こうした中で、「女性の裸体にチョコレートを塗った姿で女の怒りと悲しみを表現する」パフォーマンス・アーティストがNEAから助成を拒否されたことから、「品位と尊重」条項が憲法違反であるとして、訴訟に発展したが、連邦最高裁はかかる訴えを退けた（National Endowment for the Arts v. Finley, 524 U.S. 569-623, 118 Supreme Court Reporter, 2168-2196, U.S. Supreme Court June 25, 1998）。

愛の事業の場合は美名の下にとかく包括的な支出が容認されがちであると同時に、他面、これらの事業に公権力が深く介入することはその自主性・独立性を害する結果になり、好ましくないという配慮」があるものとされている。[▽3]「芸術」に対しては、明示的に同条による公金支出が禁止されているわけではないが、この条文の意図するところからすれば、やはり無暗な公的支援には馴染まない領域であるとは言える。まさに、芸術の分野に公権力が深く介入することは、自主性・独立性の見地からは危険なことであるからだ。[▽4]

二〇〇五年、青森県の旧浪岡町を合併した青森市は、一九九二年以来開催されてきた〈中世の里 なみおか映画祭〉に対し、日活ロマンポルノ映画を含む神代辰巳作品の特集上映をすることを理由として、それまでは浪岡町から毎年支払われてきた補助金を出さないことを決定し、常打ち会場だった行政施設の使用も拒否した。青森市の言い分としては「映画の芸術性は否定しないが、地方の教育委員会が推薦できる内容ではない。住民の理解が得られないから」だという。これを受け、なみおか映画祭実行委員会は、二〇〇五年は何とか映画祭を実行したものの、この年をもって映画祭を打ち切りとした。因みに、二〇〇五年の同映画祭に対しては、文化庁傘下の芸術文化振興基金からは助成金が支払われていたという。たとえ神代特集

▽3　佐藤幸治『憲法（第三版）』（一九九五年、青林書院）一八三頁。

▽4　芸術振興への助成については、憲法上明示の言及がないためか、裁判で問題になったことはないようだが、たとえば町が町内の幼児教室に補助金を交付したことが、憲法の禁ずる教育事業への公金の支出であるとして、訴えられた事例などは存在するのである。

であっても。
限りある財源を特定の「アート」への援助に使う場合に、何を援助し何を援助しないかは、判断の困難な問題だ。神代ロマンポルノをノーとした青森市の判断は、それまでの経緯に照らすと、いかにも理不尽に思えるが、ならばAV監督の平野勝之の特集であればどうだったろうか。あるいは、冒頭に述べたモロ出しホンバン映画の上映ならば？　そう考えると、一概に青森市的な判断を非難はしにくくなる。▽5
しかし、だからといって、「国民映画」である『男はつらいよ』的なものを上映しないと助成を行わないというのも、どう考えたっておかしい。『男はつらいよ』がアートじゃないとは言わないが、神代映画の方が、普通に考えて、より「ハイ」なアートである。
似たような問題は、公的な図書館でエロ関係の本をどこまで購入すべきか、置いていてもいいのか、というものがある。二〇〇八年、堺市立図書館ではBL（ボーイズ・ラブ）図書の引き上げ問題が起こった。これらの図書は、猥褻図書でも有害指定図書でもないものである。限られた図書の購入予算を、ベストセラー小説のようなものだけに使うのは問題だが、少数の読者しかいないBL本（意外に多数の読者がいそうな気はするが）に割いていいのかという問題はあろう。堺市のケースは、公

▽5　たとえば、註2で引用したNEA v. Finleyの最高裁判決は「議会は、議会が公益に合致すると考える活動を奨励するため選択的にあるプログラムに資金を提供し、同時に問題と考えるプログラムには資金を提供しないとすることができる。政府は特定の観点に基づいて差別をしたのではなく、単に資金を提供する活動を選択したにすぎない。保護されるべき活動に対する政府の直接的侵害の場合と、法の定める方針に基づいて特定の活動を奨励する場合とでは基本的な差異がある」としている。

共図書館にエロ本を置いていいのか、というひどく素朴な市民の批判をきっかけに、図書の引き上げ事件に発展したものであろうが、世の中には「ある人にとっては意味があっても、別の人にとっては何の意味のない本」など、掃いて捨てるほど存在するわけで、ベストセラー本もBL本も、そうしたものの一つとして共存することは、図書館として十分に意味のあることだろうと思う。

(2) 芸術文化振興基金とは何か?

ところで、芸術文化振興基金とは何なのだろうか? それは読んで字のごとく、芸術や文化を振興するために、助成をする国家機関だということは、[6]おそらくは誰もが認識するところだろうが、それは具体的にどんなことをしているのか。

たとえば、近時、芸術文化振興基金が、韓国のコンテンツ振興策にならい、「儲かるコンテンツに乗っかって、その他のジャパンコンテンツを売り込もう」という方向性に舵を切っているとの批判があるという。その一方で、「補助金の審査員が評論家などに偏り、補助金の性格と相まって審査の方向性が芸術性に偏っていると考えられる」といった、全く逆方向からの批判もある。[7]これなどは、芸術文化振興基金が神代ポルノに助成金を出したこととの対比で、青森市が、芸術性は認めるが

▽6 形態としては国家機関ではなく、独立行政法人によって運営されている基金だが、事実上、国家機関といって過言ではなかろう。

▽7 芸団協(日本芸能実演家団体協議会)による「文化芸術活動への助成に係る審査・評価に関する調査研究への意見」(二〇一一年二月)。

云々といったコメントの裏にある心情のように思える。こうした一連の批判は、正当なのだろうか。

まずは、芸術文化振興基金の理念のようなものから見ていこう。そこで、その設立根拠法である「独立行政法人日本芸術文化振興会法」の第三条を見れば、以下のことが規定されている。因みに芸術文化振興基金は、同法第一六条で、振興会の業務に必要な経費の財源を得るために設けられるとされている。

独立行政法人日本芸術文化振興会（以下「振興会」という。）は、芸術家及び芸術に関する団体が行う芸術の創造又は普及を図るための活動その他の文化の振興又は普及を図るための活動に対する援助を行い、あわせて、我が国古来の伝統的な芸能（第十四条第一項において「伝統芸能」という。）の公開、伝承者の養成、調査研究等を行い、その保存及び振興を図るとともに、我が国における現代の舞台芸術（同項において「現代舞台芸術」という。）の公演、実演家等の研修、調査研究等を行い、その振興及び普及を図り、もって芸術その他の文化の向上に寄与することを目的とする。

なるほど、これを見る限り、「海外に売れるコンテンツを後押しすること」というのは、本来の目的とはそぐわないのは事実とも言えそうだ。しかし、文化芸術が自らの推進力が得られるまでに育てば自立でき、それがさらなる文化芸術の発展に寄与するということは言えるわけだから、そうした自力による推進力の獲得の可能性のあるコンテンツに重点的な助成を行うことが、この法律の趣旨に反するとまではいえなかろう。マッチングファンドといった手法もこの領域ではよく見かけるわけで、民間資金と一体化させて、文化の飛躍に期待をかけるということは、別段おかしなことではない。

緊急医療の現場でのトリアージュ[▽8]ではないが、フルに金を入れなければ死ぬ文化と、若干の金の注入で生き延びる文化と、若干の金を入れれば、むしろ拡大する可能性のある文化があって、それら文化相互間の優劣評価をしないという前提であるならば、最後のものから金をつぎ込んでいくというのが合理的である。すなわち文化的トリアージュの思想からすれば、「儲かるコンテンツに乗っかって、その他のジャパンコンテンツを売り込もう」という方向性は、ありうる助成姿勢ではある。

ただし、トリアージュなるものの根底には、人の価値には理念的には高低をつけられない（また緊急医療の現場では高低をつける余裕もない）ということがあるわけだが、

▽8　大規模災害で多数の傷病者が出た際に、患者の重症度に応じて治療の優先度を決めて、選別を行うこと。すなわち、助かる見込みのない者や軽症の者は後回しにされる。

文化においては、現実には、古くからある伝統芸能は「高い」ことになっているし、最近のもの、とくにエロがかかわれば、それは「低い」とされるのが、残念ながら普通の考え方だろう。さらには、医療とは異なり、文化の助成には緊急の判断を求められるわけではない。また、芸術文化振興会は前身が特殊法人国立劇場だったという沿革的な理由からは、伝統芸能をこそ優先的に保護するということはありうるところである。事実、前掲のとおり、芸術文化振興会法の目的条項の文言からは、まずは「伝統芸能」であり、次に「現代の舞台芸術」であり、映画を含めた「その他の芸術」は、少なくとも目的条項を素直に見る限りは、あまり重きを置かれていない。▽9 第一に「伝統芸能」、そして第二に「現代の舞台芸術」を振興することで、結果的に、「芸術その他の文化の向上」に寄与するということで、映画を含めた「その他の芸術」に影響が波及するのだ、というのがこの条文の語っていることだからだ。すなわち、この法律の目的をかく解釈すると、冒頭に紹介した「儲かるコンテンツに乗っかって、その他のジャパンコンテンツを売り込もう」という助成姿勢は、ありえないものだということになる。

しかし、現実に同基金によってなされている助成がどのようなものかを見ていくと、こうした見立ては大きく狂う。同基金がホームページ上で公開している資料に

▽9　もっとも、この目的条項は、前半が抽象的に芸術の振興・普及をはかるべきことを宣言し（「芸術家及び芸術に関する団体が行う芸術の創造又は普及を図るための活動その他の文化の振興又は普及を図るための活動に対する援助を行い」）、それを受けるかたちで、というか付けたし的に（「あわせて」）、伝統芸能の公開や舞台芸術の振興・普及をはかる、という構造なので、あながち伝統芸能と舞台芸術に重点を置いていると読むべきではないのかもしれないが、それにしても、わざわざこの二つに言及している以上は、やはり本文で論じたとおりに解釈すべきなのだろうと思われる。

よれば、平成二七年度の助成は、文化芸術振興基金によるものが約一〇億円、文化芸術振興費補助金によるものが約三五億円で、総額が約四五億円。その内訳は、「伝統芸能の公開活動」と「伝統芸能」に対しては一億一七〇〇万円であるのに対し、「劇映画」に対しては三億円が注ぎ込まれている。記録映画とアニメーション映画への助成を合わせれば、映画全体に四億円が注入されている。劇映画については、平成二一年度に五億四〇〇〇万の助成がなされ、それは翌二二年度に五億七〇〇〇万とピークに達するが、近年は三億超の助成額に落ち着いている。それ以前の平成二年から二〇年までは総額で三八億円の助成額だとのことだから、単純平均すれば年に二億円ほどということになり、やはり日本政府がクールジャパンなどと言い出したここ一〇年ほどの間に、劇映画への助成額が大きく増えたと見て間違いはなさそうである。もっとも、劇映画への助成は、芸術文化振興基金からではなく、文化芸術振興費補助金なる「別のお財布」からのものなので、官僚一流の言い訳として、このような劇映画への肩入れは振興会法の目的を逸脱しないのだということになるのかもしれないが、しかし、振興基金だけに注目してみても、「伝統芸能の公開活動」への助成は、総額一〇億円の中のたった四七〇〇万円にすぎない（平成二七年度）。

芸術文化振興基金について、いろいろとあげつらっているように見えるかもしれないが、それが真意というわけでもない。しょせん、芸術への国家的助成など、大した理屈の立つ話ではないということが言いたいだけなのだ。アメリカのＮＥＡにしても、当初の設立理念のひとつは、冷戦のさなか、対共産圏対策的なものがあったとも伝えられる。今ふうにいえば、ソフトパワーというやつだろう。もっとも、ソフトパワーというのは、ハイアートであるよりは、ハリウッド映画やポップミュージックといったサブカルチャーこそが本来の力を発揮するものなのだとは思うが。

日本の文化芸術振興基金にしても、その出発点においては伝統芸能の保護にアクセントがあったのだろうが、その後の「文化政策」の変遷で、そうではない方向に向かったということなのであろう。そこに大きな問題がなければ、実際それで構わないのだと思う。そして「大きな問題」とは何かといえば、やはりそれはＮＥＡをめぐって問題になったような、助成機関としての独立性や中立性を損なうような事態というべきだろう。たとえば、文楽への助成をめぐって、市の助成機関の頭越しに大阪市長が助成廃止を宣言するなどというのは、問題のある事態だろう。▽10

▽10　二〇一四年、時の大阪市長橋下徹は、文楽への補助金の支払いが既得権化しているとして、その廃止を表明した。

(3) 芸術助成にまつわる「弊害」排除の担保装置

芸術への公的助成の問題は、前述のとおり微妙なものをはらむものだ。というか、端的にいって、何に対して助成をし、何を排除するかの基準がよく分からない。しかし、一般的に助成を行うとの方針が決まった以上は、芸術の自主性や独立性を損なわない態様においてなされねばならず、また審査は公平になされねばならないことは言うまでもなかろう。つまり、本当の意味での中身の基準は作りようがないから、手続的な公正性を担保する基準を作るしかないのだ。そして主として公平性担保のために、審査基準が開示され、審査機関が置かれるのが通例である。

だがしかし、芸術の自主性や独立性を損なわないかどうかといったことについては、どういう制度的な担保があるのだろうか。あるいは、審査機関の独立性や中立性といったものについてはどうなのか?

前者については、芸術の自主性や独立性を損なうような助成なるものが、なかなか考えにくいということがある。助成を受ける条件として何らかの不利な扱いを甘受させるといったことが考えられないではないが、しかし、それがイヤなら助成申請をしなければいいとも言える。だが、伝統芸能や一部の演劇など、そもそも助成金ありきで成り立っている芸術分野においては、助成申請をしないという選択肢は考えられないので、[11] たとえば天下り的な雇用を受け入れないと助成をしない、などという要求がなされたとすれば、それは芸術の自主性や独立性を侵すものだとは言えそうである。だが、こうした条件は誰が聞いても不適切なものと言わざるを得ないものであるから、さすがに表だって行われるわけもなく、一般的な行為規制（たとえば贈収賄の禁止、国家公務員倫理法、公務員の天下り規制など）によって担保されていると見るべきなのだろう。

その一方で、審査機関の独立性や中立性については、普通に考えられるのは、選任においての客観性や透明性の確保（たとえば専門性のある選任助言機関があること）や任期性などにおいて担保されるといったことがあるが、特に前者については、「たかが助成審査機関の構成員の選任に、そこまでの手間はかけられない」ということはあるだろう。裁判官の独立などの問題とは、ことの重大さのレベルが違うといえば違う。とすれば、審査機関の独立性・中立性は、任命された審査機関構成員の良心に期待する、という程度のことになる。

このように考えると、芸術や文化への助成は、その助成基準そのものは客観化できないから、手続的な公正性を担保すべきだと言いながら、そのような手続的な公正性の担保装置も、きわめて脆弱なものというべきである。

▽11 多くの伝統芸能やクラシックのオーケストラなどは、助成金なしには現実に存続できない。

それでは、審査の公平性としては、どのような仕組みとなっているだろうか。すなわち、審査基準と審査機関がどうなっているかである。

たとえば、芸術文化振興基金であれば、その国内映画祭等の審査基準として一一の項目が挙げられているが、▽12 そのうちで企画内容について触れているのは「活動の目的及び内容が優れていること、活動内容が具体的であること、活動内容が当該団体等の過去の実績等から推測して実現可能であること、今後の発展性に期待が持てること」の四点にすぎず、ポルノを上映するかどうかといったレベルの内容を問題にしてはいない。同様の基準は、たとえば青森市（青森学術文化振興財団）においても存在し、そこでは、「営利を目的としない事業、不特定かつ多数のかたの利益の増進に寄与する事業、平成二九年四月一日から平成三〇年三月三一日までに実施し、かつ終了できる事業、国・地方公共団体またはこれらに準ずる団体（国、地方公共団体が二五％以上出資している団体等）から補助を受けていない事業」などとされていて、ここでも特にポルノ云々を問題にしてはいない（いずれも平成二九年度の基準）。強いていえば、「不特定かつ多数のかたの利益の増進に寄与」の部分をこじつければ、ロマンポルノは少数派の利益などと言えないわけでもないが、水掛け論の類であろう。つまり、基準それ自体は助成申請をする側にとって、それほど透明度の高いも

▽12 以下のとおりである。
(ア) 活動の目的及び内容が優れていること
(イ) 活動内容が具体的であること
(ウ) 活動が社会的に開かれたものであること
(エ) 観客層拡充等に努力を行っていること
(オ) 今後の発展性に期待が持てること
(カ) 予算積算等が適切であること
(キ) 活動内容が当該団体等の過去の実績から推測して実現可能であること
(ク) 団体の運営及び経理が適正であること
(ケ) 助成の緊要度が高い活動であること
(コ) 「国内映画祭」については、開催地域との連携・協力が充分であること
(サ) 「日本映画上映活動」に

のには、いずれもなってはいない。ここでいう「透明度」とは、どんな企画であれば申請が通る確度が上がり、どんな企画だとダメかが分かる、という意味だが、いずれの基準も、その意味では抽象的なものにとどまる。

そこで次は審査機関、つまり誰が審査に当たっているかの問題だが、これについて、平成二八年度を見ていくと、芸術文化振興基金で映画祭の専門委員会の構成メンバーは、板倉史明氏（映像研究者）、岩崎ゆう子氏（コミュニティシネマ事務局長）、北川れい子氏（映画評論家）、立花珠樹氏（映画評論家）、桝井省志氏（アルタミラピクチャーズ代表）、山下宏洋氏（映画プログラマー）の六名である。いずれも映画のプロたちであることが一目瞭然の布陣である。対して、なみおか映画祭への助成を拒否した青森市についてだが、現在は青森学術文化振興財団がこれを担当していると思しいが、公開された資料においては、こうした審査委員は存在していないようである。おそらくは市役所から出向している役人が、審査にあたっているのだと想像される。芸術文化振興基金においては、映画祭専門の助成審査部会があるわけだから、それとストレートに比較するのは酷だとはいいながら、透明性のない審査体制、審査の判断結果を自らの言葉で説明できぬ審査体制では、審査の結果助成を拒否された側に不満が溜まるのも当然とも言いうる。

ついては、開催地域と連携・協力のもと、地域の文化振興に資する、特色ある活動であること

しかし、次のような考え方も可能かもしれない。そもそも、行政による芸術文化振興は、国に先んじて地方公共団体が独自にその路線を開拓してきたといわれている。▽13 文化芸術振興基本法第四条によれば、地方公共団体は「文化芸術の振興に関し、国との連携を図りつつ、自主的かつ主体的に、その地域の特性に応じた施策を策定し、及び実施する責務」（強調は引用者）を有するとされていることに鑑みれば、地方における映画祭において、その地域の実情や特性に応じた助成基準を設けるのは、まさに地方公共団体において求められている態度だ、といった考え方である。

　このような、中央政府対地方自治体の問題とは別に、果たして専門家による助成審査が本当に適切なものであるのか、という根本的な問題がある。助成結果についての一応のアカウンタビリティは確保されるとはいいながら、結局のところは、それら専門家の趣味嗜好の反映だといえば、反映なのである。専門家による助成審査が、名もなき地方公務員による助成審査と比べて、決定的に適切であるとの証拠はない。むしろ、地方自治体こそが地域特性に応じた施策を策定すべしとの前述の考え方からすれば、なみおか映画祭への助成拒否事件は、文化振興法制の趣旨にのっとって地方自治体側が熟慮した結果なのだと説明できなくもない。こうした立場からは、むしろ名もなき青森市の公務員による助成審査の方が、適切な判断を下した

▽13　青田テル子「自治体の芸術文化振興の法的位置づけの序論的整理」（村上武則・高橋明男・松本和彦編『法治国家の展開と現代的構成――高田敏先生古希記念論集』〔二〇〇七年、法律文化社〕一一五頁）。

と考えることになるだろう。

何だか、エロ映画ないしエロ映画を上映する映画祭への助成問題を論じるつもりが、やけに遠くに来てしまったようだ。ことほどさように、助成問題を理屈立てて整理することは難しい。ただ、このように書きながらも、気分としては、やはり青森市によるなみおか映画祭への助成拒否には反対したいのである。そこには、地域特性への配慮といった言い訳に隠された、エロに代表される反体制的なものへの嫌悪の臭いがかぎ取れるからである。しかし、だからといってなす術《すべ》はない。仮にそうした下心があったにしても、表面的には「地域特性に配慮した」と言われればそれまでだし、たとえ「エロは反体制的で助成対象として好ましくない」と本音が語られたとしても、それを裁判にかけて助成を勝ち取ることはムリなのだと思われる。▽14所詮、助成とは行政側の広い裁量のもとになされる行為だからだ。

2　エロと公共施設

なみおか映画祭の場合、神代映画の上映が問題視されて、公共施設の貸出拒否がなされたわけだが、エロとは異なるものの、メッセージ色の強いアートに対して公

▽14　ここは意見の分かれるところかもしれない。ここまで偏見をあらわにした助成申請の否定ならば、あるいは裁量権の逸脱を問う余地はあるのかもしれない。

共施設側が拒否反応を示した事例としては、二〇一五年に東京都現代美術館で展示された、文部科学省を批判する会田誠の作品について、美術館側よりなされた撤去要請などがある。▽15 すなわち、いわゆる政治的プロパガンダを含んだアートと公共施設利用の問題と言える（因みに、会田本人は政治性を否定している）。

これに対し、厳密な意味での公共施設での問題ではないが、広い意味での公共的な施設の使用問題として、二〇一三年に森美術館において〈会田誠展：天才でごめんなさい〉が開催された際、「ポルノ被害と性暴力を考える会」からの抗議を受けた。抗議内容としては、《犬》と題する作品を取り上げて、「全てのモチーフは、四肢を切断され、その断端には薄く血がにじむ包帯が巻かれた裸体の美少女が犬の首輪に繋がれてさまざま姿態を取ってほほえんでいる図柄」であり、こうした「四肢切断の少女のモチーフはネットのポルノサイトでは一つのジャンルとなり、過激に進化の一途をたどっている」とのことであった。しかしながら森美術館側は、こうした抗議にもかかわらず、展示を続行した。

私企業の運営するホールやレンタルスペースが、それを賃貸するに当たり、相手の思想や信条を問題にしたり、使用目的を詮索することについては、基本的には絶対的な自由裁量がはたらくものといってよかろう。▽16 しかし、こうした理は、いわゆ

▽15 《檄 文部科学省に物申す 会田家》と題した、白布に書かれた「檄文」よりなる作品（会田誠とその妻子の合作）が、〈おとなもこどもも考える ここは誰の場所？〉展の出品作品の一つとして展示されていたが、館側より撤去要請があったという。

▽16 もちろん、ひとたび賃貸借の契約を結んで以降は、当該契約に縛られることについては、宴会場を日教組の大会のために貸す契約をしたプリンスホテルが、後になって街宣車等の弊害を理由にこれを取り消したことが契約違反とされた事例などに明らかなように、全面的に契約の拘束力の問題となる。

る公有財産についても等しく当てはまるものであろうか。

公有財産は一般に行政財産と普通財産に分類され、前者は、行政固有の目的のための財産という位置づけから、原則として貸出しや目的外使用ができないものとされている。そうすると、映画祭の上映場やアートの展示場として貸出しの対象となるような公共ホールの類は普通財産として、原則自由に貸出しができるようである。というか、自主事業のためのみに作られた特殊なホールのようなものを除けば、そもそもいわゆる公共ホールや公共会議場の類は、市民の利用のために作られるわけだから、自由に貸し出されることは当然なわけである。

さて、それでは、そうした貸出しは、民間におけるのと同様に、ホールの管理者のまったき裁量によって、貸出相手や利用目的を自由に選別できるようなものだろうか。その点は、常識的に考えれば、明らかにそうではなかろう。行政財産であれ普通財産であれ、公共の財産であるわけだから、それを国民に貸し出すに当たっては、公平かつ公正な条件で貸し出されるべきはずである。不合理な理由による貸出し拒否が許されないのは当然だろう。[17] そう思いながら、インターネットで各種の公共ホールの利用規約の類を片っ端から見てみたのだが、値段や優先順（あるいは抽選）などの条件は明文化されているのに対して、肝心の、貸出目的や使用目的で制

▽17 「公共施設は、あらかじめ、その利用条件（利用許可とその取消、使用料、利用制限等）を定めてこれを開設するのが普通であり、その利用条件を具備する利用者に対しては、その設備の許す限り、平等にその利用を許容すべき義務を負う」（原龍之助『公物造営物法（新版）』〔一九七四年、有斐閣〕四四八頁）。

約があるのかという点については、不思議と沈黙していることが多いのである。代表的なものを見ていこう。

「お申込みの内容によっては、ご利用をお断りさせていただく場合もあります」（日比谷コンベンションホール〔大〕利用規約）

「公共の施設なので一部ご利用に制約がございますが、ご希望の利用内容で使用可能かどうかについてお気軽に電話でご相談下さい」（東京都中央区立産業会館）

稀には、以下のようなものも見つかる。

「利用を承認できない場合：
公の秩序又は善良な風俗を害するおそれがあると認めるとき
文化会館の施設又は付帯設備をき損するおそれがあると認めるとき
文化会館の管理上支障があると認めるとき」（板橋区立文化会館・グリーンホール）

貸し出した相手が、ホールでストリップショーをしたり、モロ出しエロ映画の上映会をしたりして、警察の家宅捜索の対象になったりしては困るというのは理解できるにしても、そうした内容面のチェックについて完全にブラックボックスになっているというのは、行政の透明性の観点から問題はありはしないのか。さらに、ブラックボックスではないにしても、上記の板橋文化会館の「公の秩序又は善良な風俗」というのは、これはどうなのだろう。「公の秩序又は善良な風俗」なるものが、刑法上の猥褻概念と一致するのならばともかく、要するに神代ロマンポルノ的なものをも排除する基準なのだとすれば、ひどく恣意的な運用であると言わざるを得ない。要するに、多少ともエロの臭いがすればNGということならば、ブラックボックスと変わるところはない。

エロを含めた文化活動への助成が広く行政裁量の及ぶ領域であるのに比べると、ホール等の公的施設の貸出については、不合理な拒否の許されない、裁量の幅の小さな領域である。▽18 それは、原則市民に開かれた場であるからだ。当然ながら、そこにおいては「コンテンツ内容へのより少ない審査」をもって臨むべきである。その意味では、なみおか映画祭への上映会場の貸出を拒否した青森市の対応には、大いに問題があろう。

▽18 「普通地方公共団体は、住民が公の施設を利用することについて、不当な差別的取扱いをしてはならない」(地方自治法二四四条二項)。

IX

エロと権力、ふたたび——準児童ポルノ／非実在青少年

1　警察権力の「健在」

警察が元気である。まことに喜ばしいことではないか。そうした「元気」さを示すものとして、たとえば二〇一五年に春画の展示会が催された際に、警察が「指導」した言葉として、以下のものが報道されている。▽1

春画は国際的な評価も高く、文化的・芸術的価値がある。春画そのものを問題にする気は全くない。

一方で、「3Dマン拓」の猥褻性が問題となった、ろくでなし子事件のようなものは、積極的に摘発するようである。現代美術には関心がないと見受けられる。警察権力ではなく税関事件であるが、メイプルソープ写真集も猥褻だとされて裁判になったことからすれば、▽2総じて現代美術の受けは悪いようだ。だが、そのことは措いて春画の話に戻れば、ごく即物的に考える限り、春画においては男性器も女性器も、スーパーリアリズムで克明かつ膨張形で描かれている。それが芸術的であろうが文化的であろうが、これを取り締まるのが警察権力の使命とするところではなか

▽1　実際の展開は、実は、より複雑であった。春画展を紹介し、そうした春画の何枚かをグラビアで取り上げた複数の週刊誌に対し、警視庁は口頭で「わいせつ図画頒布罪に当たる可能性がある」として、過激な内容を掲載しないよう配慮を求め、また春画展の主催者も呼び出して、春画が猥褻物である旨を強く主張して、開催中止を迫ったという。その一方で、警視庁の「幹部」の発言として、上記に引用したものが報道されているのである（園田寿＝臺宏士『エロスと「わいせつ」のあいだ——表現と規制の戦後攻防史』〔二〇一六年、朝日新書〕一八頁以下）。「良い警官と悪い警官」ゴッコなのだろうか。

▽2　最高最平成一一年二月二三日判例時報一六七〇・三。因みに、メイプルソープ写真集をめぐってはもう一つの事件があり（最高裁平成二〇年二月一九日判例時報二

ったのか。いつから警察は芸術の判定者として立ち現れるようになったのか。この手の物言いは、警察権力の謙抑性を装った、相当に悪質な権力の着ぶくれ現象を象徴している。警察は、猥褻か否かを判定するのみならず、芸術か否かまでも判定する権限を手に入れたいがごとくであるからだ。

この種の警察権力の「元気さ」がウサン臭いのは、たとえばハイスコアガール事件などにも端的に表れている。これは、私企業の告訴に基づいて、著作権侵害容疑のもと、二〇一四年夏に、大阪府警らが大手のゲーム／マンガ出版社であるスクウェア・エニックス本社と漫画家の仕事場などを、はるばる大阪から三〇数人の捜査隊を引き連れて、捜索差押に及んだ刑事事件である。いわゆる海賊版について警察が取り締まることは理解できるにしても、ここでの捜査対象は、「一九九〇年代のアーケードゲーム全盛期を背景に、格闘ゲームにはまった少年少女たちの青春マンガ」に登場する、そうしたゲームキャラクターたちのマンガ内での表現である。少し著作権をかじったものであれば、これは「引用」として無断利用が許されることが多々あろう局面であることは即座に分かるはずである。そうでなくても、普通の意味での海賊版とは異なるものだくらいは、誰でも分かるだろう。要するに、刑事事件としては立件自体が非常に微妙なケースである。にもかかわらず、身柄こそ取

〇〇二・一〇七）、ここでは税関の輸入禁止処分は否定されている。事案は、日本で既に発売済みのメイプルソープ写真集の翻訳版を出版した有限会社アップリンクの代表である浅井隆氏が、そうした一冊を携えて米国に出張し、その帰途の成田空港の税関において、日本から持って行ったその写真集が輸入禁制品（「風俗を害すべき書籍、図画」）だとして通知処分を受けたというものである。そんなバカなことが本当にありうるのかと思わず疑わざるを得ないが、最高裁は、そうした税関検査自体は適法であるとしつつも、問題となった写真集は猥褻でないと結論づけた。

らなかったものの、東京から大量の関係者を大阪に呼びつけて、長時間にわたる「オイコラ」式の取り調べを敢行したり、スクウェア・エニックスが著作権侵害がない旨の確認を求めて民事裁判を提起したと知るや、「厳重処罰意見」を付して送検するなど、大阪府警らは「元気いっぱい」の大活躍をしたのである。▽3

弁護士をやっていれば誰でも知っていることだが、警察は告訴事件などに滅多に真摯な対応をしてくれないものなのだ。いかに有罪が明白なケースであろうと、いっかな腰をあげてくれようとはしない。忙しいとか、本質的には民事案件だからとか、本当に公判まで持っていけるか定かではない、などと様々な理由をあげて、こちらの告訴から逃げ回るのが常なのである。そんな警察が、こうした立件が微妙なケースで異常なまでに積極的な動きに出たのはなぜか。それはおそらく、職域の拡大という動機だろうと筆者は推測する。それは、自分らを忙しくさせるための職域を拡大するというのではなく、自分らがあれこれ口を挟むことのできる領域、仕切れるフィールドを広くしたいという欲望だ。猥褻事件でもまったく同じ構図ではないか。春画展に対し、一見寛容な素振りを見せつつ、そこにあるのは、「猥褻か否かを決めるのは、オレたちなんだ」というアピールである。本当にろくなもんじゃない。ちゃんと本来の仕事をしろ。そう言ってやりたい。

▽3　のちに和解が成立して、刑事告訴は取り下げられた。

もっとも、こうした警察権力の「元気さ」は危機感の裏返しなのかもしれない。一方の役所である裁判所は、たとえばビデ倫事件で「エロの遍在」といった反論を出されても、御簾の彼方に鎮座するお公家よろしく、まるでそんな話は耳の穢れとばかりに、単に黙殺して判決を下すということもできるが、現実に「エロの遍在」に直面している警察権力としては、日に日に、摘発に困難を感じているのかもしれない。そこで、春画展に媚びを売ってみたり、著作権に「新たな活路」を見出そうとしてみたりして、懸命にあがいているのかもしれない。しかし、いずれにしろ相当に下らないことである。たとえ世の中的に不要になったとしても役所は権限を手放さないという、よく言われるテーゼの、これは一変奏にすぎない。生活安全課は、こと猥褻図画頒布関連の犯罪についてはかなりの部分、不要な存在なのである。経済犯罪系やサイバー犯罪系が多忙ならば、そちらに人員を割いてもらうのがスジで、間違っても著作権に無理やりに手を伸ばしたり、猥褻ケースで妙なアピールをして、延命をはかってもらいたくない。

これも弁護士としての実感だが、現実には、刑法の謙抑性、すなわち刑事法規は人の行動を直接に縛るものだから、慎重に解釈され、厳格に適用されるべき、などといった命題は全くのフィクションである。警察は、自分たちの都合のいいように刑罰法規を解釈するし、それを指揮する検察がそれを強く戒めるわけでもないし、逮捕状や捜索差押令状を発行する裁判所も、そこで人権の防波堤の役目を果たしているとはお世辞にも言えない。この二〇年で、裁判員裁判は始まり、取り調べ可視化もひどく限定的ながらも端緒にはついた。しかし、捜査機関、あるいはそれをバックアップする刑事的司法機関というものに関して、根本的なところで何も変わってはいないのではないか。つまり、出口のところの刑事裁判は、若干、外部の目を意識している兆しはあるものの、捜査部分については、百年一日の「オイコラ」警察が温存されているように思える。▽4 そして警察は今後とも、猥褻の判定者たるの地位を自ら降りることは、決してないだろう。

2 「猥褻」とは「ブツ」なのか?

ところで、今さらながらの自問自答なのだが、「猥褻」とは「ブツ」なのだろうか。それとも「観念」なのか。裁判所が言っていることは後者だ。つまり、チャタレイ夫人判決では「徒らに性欲を興奮又は刺激せしめ、且つ普通人の正常な性的羞恥心を害し、善良な性的道義観念に反するもの」と言っているわけで、ここでの

▽4 最近の報道では、窃盗事件に関して、中学生を相手にした一方的な決めつけによる自白の強要を行っていた件が明るみに出た(後に濡れぎぬと判明)。中学生の持っていたICレコーダーには「お前のような奴は高校に行けなくしてやる」などの、相も変わらぬ「オイコラ」警察ぶりが余すところなく録音されていた。

「もの」は「ブツ」を意味する「もの」ではなくて、事象を意味するものであろう。

すなわち、猥褻とは観念のはずである。そんな当たり前のようなことを改めて考えさせられたのは、いわゆるろくでなし子事件における「3Dマン拓」[▽5]の猥褻認定に接したからである。

猥褻が「ブツ」でないということは、言い換えれば、「絶対的猥褻物」というものはないということになる。つまり「猥褻」というのは、相対的ないし関係依存的概念であるはずだということだ。仮に、性器ないしそれに付随する陰毛の露出を一律に禁じる趣旨なのだとしても（つまり、それらは「絶対的猥褻物」なのだとすれば）、それは実態において否定されているといえよう。たとえば映画等においては、少なくとも近年では、シャワールーム等の環境において勃起していないペニスの公開が容認されているし、写真集などにおいても九〇年代初頭に女性の陰毛は事実上の解禁を見ている。[▽6]スタンリー・キューブリックの『バリー・リンドン』（一九七五年）が日本で公開された当時は、湯船につかるマリサ・ベレンソンの、揺れるお湯ごしにほの見える陰毛が律儀にボカシ処理をされていたと記憶するが、今なら何の問題もありはしない［図1］。だから、仮にチャタレイ夫人裁判当時の「猥褻」概念が、「絶対的猥褻物」概念に基づいて解釈されていたのだとしても、現実の社会におけ

▽5　アーティストである被告人の「ろくでなし子」は、自らの女性器を型にとって、女性器の石膏モデルや3Dプリント用データを作成したとされる。世にいう「マン拓」である。

▽6　ロッカールームにおける男子の萎えたペニスを見ても、多くの人はセクシュアルなものを感じなかろうが、妙齢の女子を被写体とした写真集のヘアヌードについては、その「用法」としてそれなりにセクシュアルなものが想定されることを考えると、こちらの方が年代的に早く解禁されたことは、わが国の猥褻観変遷の七不思議のひとつかもしれない。

図1　スタンリー・キューブリック『バリー・リンドン』(1975)

る猥褻概念が相対的なものへと変質してしまったのだと言えよう。猥褻概念自体が社会的なものだということを認める限り、それは当然といえば当然の話だ。イギリスのヴィクトリア朝時代の「いやらしさ」と現代の日本のそれとが大きく食い違うことは、どんな保守派も認めざるを得まい。

しかし、そうだとすると、女性器はどうなるのだろうか？　陰毛まではいいが、女性器はダメなのか？　男性器と違い女性器は「臨戦態勢」にあるかどうかが外見からは分からないから、一律に「猥褻物」として禁圧する必要があるとか？　よろしい、よく理屈は分からないが、そこまでは認めたとしよう。しかし、それにしても、同じ女性器といっても、そのあり方いかんで、相対的猥褻観なり関係依存的猥褻論が妥当する場合があるはずではなかろうか。たとえば、ろくでなし子事件における3Dプリント用データ「マン拓」はどうだ？

同事件において被告人は、女性向けアダルトショップで、女性器をかたどった石膏をアート作品として陳列したことともに、女性器を3Dスキャンしたデータをメールや CD-R に焼き付けたものを送信・頒布等したとして、猥褻電磁的記録等送信頒布、猥褻電磁的記録媒体配布、猥褻物公然陳列などの罪で起訴されていた。これについて判決は、石膏のアート作品については、着色や装飾によって「ポップアートの一種ととらえることは可能で、芸術性、思想性によって性的刺激が緩和されている」として、猥褻物とは言えないとしたものの、3Dデータについては「女性器の形状を立体的、忠実に再現している」として有罪とした。▽7 つまり、着色等された石膏づくりの女性器アートについては「相対的猥褻観」を認めたものの、3Dデータについてはこれを否定したわけだ。

しかし、だ。「女性器の3Dスキャンデータ」などに、人はどう性的に欲情しうるだろうか。要するに、そんなものを見て、あなたは勃つと思うか？　そうしたデータそのもののみならず、それを3Dプリンタで成型したものであったっていいのだが、そうであったとしても、そんなものに欲情するか？　もっと言ってもいいが、

▽7　一審の東京地裁は、本文記載のとおり、一部無罪とし（東京地裁平成二八年五月九日）、控訴を受けた東京高裁も、一審の結論を維持した（東京高裁平成二九年四月一三日）。

そうして成型した模型に本物そっくりに彩色したものであってもいい。本当に、そんなものに欲情するか？　猥褻とは関係依存的な概念だと言った。それは、一面では、相対的な猥褻観、社会的な猥褻観ということだが、別の意味合いもあるのだと思う。それは、トータルな身体性とでもいうべき話だ。たとえば、脚フェチの男がいたとして、彼は切断された状態の脚そのものには、おそらく欲情はしないのだと思う。頭から爪先まで、つながった一体の女体において、その中の脚に惹かれるのだろう。特定の対象に向かう性的な興味とは、単にその対象のみが切り取られることに意味があるというよりは、トータルな身体との関係性の中で、その部分が性的な輝きを発することへの興奮である。女性器とて同じことである。女性器が、他の身体パーツから切り離されて、中空に浮かぶがごとく存在したところで、それに欲情する者などいやしない。カラダの全体を見て、あるいは恥じらうような表情、それとも挑むような表情などとの組み合わせにおいて、人は女性器に欲情するのだ。▽8

3　夢の侵犯または観念としてのＪＫ

いまも存在するのかどうかは定かではないが、数年前に巷の話題になったものと

▽8　最近の3Dプリンタをめぐる話題としては、拳銃や無許諾の著作物の3D形成をいかに阻止するかというところにあるとされ、そこでは「特徴量」なる概念で、拳銃のそれや既存著作物のそれをあらかじめプリンタに把握させたうえで、それと合致する3D形成がなされようとした場合に、ストップをかけるということになるらしい。そうすると、もしも3Dプリンタに「猥褻」なものを作るのを阻止しようという議論がおこれば、女性性器や男性性器の「特徴量」を読み込ませて、それと合致するような形成指示をシャットアウトさせるということになる。そのためのデータの提供の様子なども想像すると、どことなく笑える風景ではある。

して、ＪＫ（女子高生）ビジネスなるものがあった。いわくＪＫリフレ、ＪＫ撮影会、ＪＫお散歩などと銘打たれたこれらのサービスは、女子高生の制服を着た女性が、リフレクソロジーをしてくれたり、撮影会の被写体になったり、一緒に「お散歩」の相手をしてくれたりといったもので、それ自体は風営法の対象となるものではないため、本物の女子高生もアルバイトで働いていたものらしい。もちろんこの種のサービスを利用する側としては、性的な期待を込めて対価を支払うこととはなるわけで、警察当局は、児童ポルノなどの温床となりかねないものとして、労働基準法やら児童福祉法などのからめ手から、ＪＫビジネスを規制しようとした。

ただ、ここでは視点を変えて、ＪＫビジネスを見てみよう。成人女性が女子高生の制服を着て、この種のサービスをしたとしたなら、そこには何の問題もないことにはなるわけだ。老け顔の本物の女子高生よりも、童顔の成人女性の方が、むしろ客受けはいいのではないのだろうか。もちろん、その場合、リフレや撮影会などという「迂遠」なことではなく、ハードコアの風俗サービスの方が儲かる、ということはあるわけだが、ここで問題にしたいのは、結局のところエロの現場で消費されるのは、本物かどうかということよりも、「イメージとしての女子高生」あるいは「観念としての女子高生」なのだということである。▽9 前項でも検討したように、猥

▽9　最近は耳にしない話題だと思っていたこのＪＫビジネスだが、二〇一七年二月一六日の日本経済新聞の報道によれば、東京都は、女子高生を強調したリフレなどの数業種について、これを「特定異性接客営業」と規定して、これらの事業者が未成年者を雇用することを禁止し（つまり成人しか雇えない）、これらＪＫビジネスに対して届出制の規制に服させる新条例を議会に提出するという。つまり成人女子に女子高生の格好をさせてリフレサービスをすることは、一種のフーゾクであるということだろう。笑いを通り越して唖然とさせられるが、これこそが「エロとは観念である」ということをまさに証明しているわけだ。

褻とはどこまでも観念の問題なわけだ。

旧版のエピローグ（本書「幕間」）では、『トータル・リコール』の心理観光なる脳内エンターテインメントを引き合いに、エロスの最終形態としての、脳内セックスの可能性を語った。この種の妄想は、「攻殻機動隊」シリーズ（一九八九年〜、士郎正宗）や「廃園の天使」シリーズ（二〇〇二年〜、飛浩隆）などにも共有されているもので、いわば人類の見果てぬ夢の一つなのだろうが、そこでもう一点指摘したのは、猥褻を取り締まることで永遠に自らへの承認要求を降ろすことをしない警察権力は、あるいは単に権力は、こうした夢にいかなる規制をかけようとするのだろうか、との問いかけだ。

二〇一六年はVR元年などとも称され、脳内とまではいかずとも、3Dでの映像が生身に迫る「夢」を与えるまでに至った。そうしたVR映像で、女子高生と「おつきあい」ができるプレイステーションVR向けゲームが売れているのだという。▽10 大手のゲーム会社が発売するこのゲームでは、もちろん女子高生はハダカになったり、ましてやセックスの相手をつとめてはくれない（このゲームをプレイしたことがないので知らないのだが、おそらくそのはずだ）。だが、これも典型的な「エロがメディアを先導する」好例である。▽11 プレステVRという新メディアの購入に人を駆り立てる

▽10 「サマーレッスン」（二〇一六年、バンダイナムコエンターテインメント）。
▽11 AV大手のソフトオンデマンドは二〇一六年末に、秋葉原にVRルームを開店した。むろんこちらは「サマーレッスン」などよりも、直裁的なエロであるようだ。

のは、とてもリアルに見える女子高生と「おつきあい」をしてみたいという「エロな欲望」なのだ（プレステVRを購入する全員が、とは言わないが）。

それはともかく、旧版のエピローグで脳内セックスを例に権力の規制を論じた真意は、人間が最も自由であっていい脳内にまで、権力は規制を及ぼすことができるのか、ということである。いかに邪まな妄想であれ、違法ないし反倫理的な思想であれ、心の中で考えているだけのことならば、それを取り締まるべきではない。内心の自由というやつである。これは、基本的人権の中でも最も基本的な権利といえよう。ならば脳内妄想や脳内セックスを助成したり促進したりするシステムも同じく、権力からの免責が得られてしかるべきではないのか。▽12 しかしながら、エロが観念の問題に帰着するのだとしたら、それを本気で規制するためには、脳内にも入り込まざるを得ないという側面も、またあることになる。

案の定というべきか、権力は、脳内侵入を試みる。脳内は自由だとする免罪符の付与を、頑なに拒む。それを象徴するのが、いわゆる「準児童ポルノ」から「非実在青少年」へと至る一連の論争だ。

▽12 もっとも二〇一七年六月、安部政権は、何度めかの提出となる、いわゆる共謀罪の立法化をついに成し遂げた。これによって、かなりの程度に「違法な思想」の取り締りは実現することとなってしまう。

(1) 準児童ポルノ

ことはいわゆる児童ポルノ法▽13の成立した一九九九年に始まる。同法における児童とは「十八歳に満たない者をいう」と定義され、すなわちそれは実在の児童のことを指し、児童ポルノも、それら児童に関する性交ないし性交類似行為等と定義され、これらを描写した写真やビデオテープ等の頒布等を禁止対象としていたわけだが、これに対して日本ユニセフ協会らを中心として、二〇〇八年に同法改正の運動が展開された。そこで主張されたことのひとつが、実在の児童のみならず、フィクション上の児童（つまり、マンガ、アニメ、ゲーム等における児童の描写）についても、それがポルノグラフィックに描かれるのであれば、児童ポルノ法の対象とすべきだ、ということであった。すなわち、これらフィクション上の児童のポルノグラフィを「準児童ポルノ」と称したわけである。

たしかに、マンガやアニメで小学生の子供がポルノとして描かれるのは、実在の小学生の子供がポルノの対象として描かれるのと同じくらいに嫌悪感があると考える人も多いかもしれない。ことは児童ポルノに関わるものだから、表現の自由擁護の立場からしても、成人のポルノと同列に論ずるのは、やや違うと見る向きもあろう。ただ、いわゆるラディカル・フェミニズムの立場に立つのではない限り、児童

▽13 児童買春、児童ポルノに係る行為等の処罰及び児童の保護等に関する法律。

ポルノ法の保護法益は、社会的法益ではなく、個人的法益であるわけで、実在の個人がいない限り、同法の保護を架空のキャラクターに及ぼすことには無理がある。たとえば具体的な因果関係（すなわち、マンガやアニメで児童が性的に描かれることが、性犯罪の増加に結び付いた等の立法事実）がない限り、表現の自由のもと、これを取り締まる根拠は薄かろうと思われる。▽14 言い換えれば、準児童ポルノ規制の運動とは、表現の自由への規制であるとともに、個人の内心の自由、あるいは妄想する自由への規制の試みでもあったのである。

この点において、警察権力の動向という側面からも観察したいが、日本ユニセフ協会に情報提供をしていた団体のひとつが、インターネット・ホットラインセンターであって、これは警察庁の外郭団体である財団法人インターネット協会の運営にかかるものであった。このように、個人の内心への規制を警察権力の中に取り込もうという努力は、地道に重ねられていたわけだ。こうした準児童ポルノを児童ポルノ禁止法に取り込もうとする改正運動は、一定の賛同を得て、また一部の国会議員をも巻き込んで展開されたが、結局のところ、法改正として結実するところとはならなかった。

▽14 むしろポルノを解禁することで強姦事件等が減少したとする統計は、海外を含めて比較的多く報告されているところである。ただし、それが因果関係的に反証たりえているのかについては、規制推進派からは批判のあるところでもある。

(2) 非実在青少年

だが、国政レベルでの準児童ポルノの規制は、条例レベルで再び論争となった。二〇一〇年、東京都は青少年保護条例の改正案として、「非実在青少年」なる概念を導入し、青少年として描写される非実在のキャラクターが、性的行為を行うさまを描くマンガ、アニメ、ゲーム等を有害図書としてゾーニングする法案を提示した。▽15 つまり、これは規制対象としては、まさに準児童ポルノで問題とされたものと全く同じである。ただし、児童ポルノ禁止法では、児童ポルノに該当すればこれを頒布したり頒布目的で所持したりすること(つまりは販売行為)が禁止されたわけだが、青少年保護条例での有害図書は、ゾーニング規制、すなわち、一般図書とは別に売らなければならないということであって、販売そのものが禁止されるわけではない。

これはある意味でクレバーなアプローチである。架空のキャラクターによるアニメやマンガを、児童ポルノとして頒布を禁じるならば憲法違反の疑いが濃厚となるが、有害図書としてゾーニングするにとどめるならば、たしかに表現の自由への侵食度は薄まる。実際、有害図書制度自体は憲法違反ではないとの前提に立てば、▽16 どのような図書を有害指定するかの判断において、児童と思しき登場人物が性的行為の対象となる様を描いているかどうかを判断材料にすることは、それを非合理的な

▽15 問題になった条文案は以下のものである。

「年齢または服装、所持品、学年、背景その他の人の年齢を想起させる事項の表示又は音声による描写から十八歳未満として表現されていると認識されるもの(以下「非実在青少年」という。)を相手方とする又は非実在青少年による性行為又は性交類似行為に係る非実在青少年の姿態を視覚により認識することが出来る方法でみだりに性的対象として肯定的に描写することにより、青少年の性に関する健全な判断能力の形成を阻害し、青少年の健全な成長を阻害するおそれがあるもの」

▽16 実際には、V章で見たとおり、いろいろと問題はあるのであるが。

いし恣意的な基準とまでは言い難いかもしれない。ただし、この東京都条例の改正案では、それにとどまらない踏込みがあった。そのような非実在青少年ポルノの単純所持をしない責務なるものが、努力義務ながらも盛り込まれたのである。

この単純所持をめぐる問題は、実は準児童ポルノ問題にも遡るものであった。すなわち、国法レベルでの準児童ポルノ立法を目指す一派は、同時に児童ポルノの単純所持をも禁圧しようと目論んでいたのである。だが、ことは児童ポルノという前提ではあるものの、これは内心の自由の抑圧そのものではないだろうか。己の趣味嗜好に応じて、児童ポルノと目される写真集やビデオを持っていることを、法律によって刑罰等の対象とすることが、たとえそれが「おぞましき児童ポルノ」なのだとしても、自由主義国家のあり方として、正しいことなのか。猥褻図画頒布罪にしても、国家が猥褻物が何たるかを決定することの矛盾の問題はともかくも、その公開や頒布のみを犯罪として、単純所持については罪に問わないとする点において、やはり個人の内心領域への立ち入りには、かろうじて踏みとどまってきたのである。児童ポルノだから何をしてもいい、という理屈はないだろう。▽17

そうしたことが意識されていたのかどうか、まったく覚束ないが、ともかく国家法としての児童ポルノ禁止法レベルの改正マターとしては、準児童ポルノと並んで、

▽17　しかしながら、児童ポルノの単純所持を禁止する国は、先進国を含めて多いとされている。ただ、これに関しては、西欧において児童ポルノの対象として想定されているのはローティーンないしそれ以下の児童であるのに対し、日本で（ことに準児童ポルノや非実在青少年において）想定されているのはハイティーンである点など、単純比較はできないことを指摘する論者もいる。

この単純所持罪をめぐる問題は、同改正案が廃案になることによって一度は陽の目を見ないことにはなったが、これが東京都の青少年保護条例の改正案として（努力義務というよく分からない意匠をまといながらも）、再浮上したというのが、二〇一〇年の状況なのであった。ただ結局のところ、非実在青少年と単純所持禁止の努力義務については、各方面の反対の声もあってか、この段階では、都条例改正案から削除されるところとはなった。しかし驚かされるのは、この手の立法を目指す勢力というのは、実に執拗に活動するものなのである。

ところが、ことはそれで終わりはしなかった。単純所持の問題は三たび二〇一四年の児童ポルノ禁止法の改正案として取り上げられる。今回は、フィクションへの規制案を見送ったためか、大きな抵抗を受けることもなく同改正法は成立してしまい、▽18 ここについに児童ポルノの単純所持禁止が国法レベルで決定されるに至るのである。▽19 ある意味、見事なまでの粘り強い努力ともいうべきものではないか。

しかし覚えておかねばならないことは、これはV章でも見た一九九〇年代初頭の有害図書問題から続く「焚書坑儒」問題の再燃であり、さらにさかのぼれば一九五〇年代に展開された悪書追放運動、そして戦前の検閲制度へと連なるものだということだ。九〇年代の有害図書騒動が「草の根」を装った官制の運動だった経緯はV

▽18　フィクション規制とは違い、表現の自由そのものへの侵襲度が低いうえに（ただ、内心の自由への侵襲度は高いのだが）、第二次安部政権のもと、安定的な国会運営が可能であったからもあろう。

▽19　児童買春、児童ポルノに係る行為等の規制及び処罰並びに児童の保護等に関する法律
「第七条一号　自己の性的好奇心を満たす目的で、児童ポルノを所持した者（自己の意思に基づいて所持するに至った者であり、かつ、当該者であることが明らかに認められる者に限る。）は、一年以下の懲役又は百万円以下の罰金に処する。自己の性的好奇心を満たす目的で、第二条第三項各号のいずれかに掲げる児童の姿態により認識することができる方法により描写した情報を記録した電磁的記録を保管した者（自己の意思に基

づいて保管に至った者であり、かつ、当該者であることが明らかに認められる者に限る。）
も、同様とする。」

章に詳論したとおりだ。権力は、常に戦前の旧内務省的な規制を志向する。そのことは、自民党の改憲草案が表現の自由などの優越的な基本的人権までも「公共の福祉」で制約できるものにしようとしていることを見るだけでも、明白なことである。未成年者の保護を口実にして、あるいはそれ以外のもっともらしい理由を口実にして、権力は、われわれの脳内における自由にタガをはめたくてしようがないのであり、それは児童ポルノに関する限りは、ついに成功するに至ったのだ。

この先、児童ポルノはフィクションにおける規制、つまり準児童ポルノや非実在青少年規制を狙ってくるかもしれない。規制推進派は、児童ポルノに事寄せれば大抵のことはうまく行くことを、この一〇年ほどで学習したようである。猥褻規制そのものの揺り返し、たとえば今さらヘアを禁圧するという線はさすがにないのだと思うが、油断はならないところだ。

エピローグ［2017］

そうしたわけで、エロスは今後も、走り続けることを止めるわけにはゆかない。

そのように書いて、筆者は二十数年前の本書の旧版の幕を閉じたのは、現在、「幕間」としてその旧版のエピローグ自体をおさめた本書をお読みの読者諸兄にも明らかなところだろうが、そこでエロスが走り続ける理由とは、絶えざる規制派からの攻撃を逃れるためであった。だが、そうは書きつつも、当時の気分としては『野ウサギの走り』よろしく、それは軽快な走りをどこかで予定していた。逃げ切れるのではないかと思っていたのだ。ヘアは事実上解禁された。インターネットで自由に情報をやりとりする世界は、すぐそこに迫っている。猥褻規制などは、もはや風前の灯ではないのか、と。

しかし、二〇一七年の今日、やはり同じ言葉をエピローグに書きつつある筆者には、そうした軽快感はない。本家のメロスが走る理由は、親友セリヌンティウスとの誓いのためであり、王都シラクスと村との往復というゴールのある走りであった。対して、エロスの走りは、ゴールのない永久のものだ。ネット検索に「野ウサギの走り」をかけると、中沢新一の著作の前に同じ名をいただく焼酎の銘柄が飛び出してくる。それもまた、どこかイヤな気分にさせる。

そうはいいつつ、どこまでも根が能天気な筆者としては、こうも思う。結局のところ、エロスは逃げ切れたのではあるまいか。まあ、「逃げ切れた」とまで言ってしまうと過大な物言いだろう。刑法一七五条に代表される猥褻規制は、相も変わらずそこにあるし、「ろくでなし子」事件のようなケースが起きれば、理不尽にもそれは発動される。ただ、我々は本質的には、個室内での視聴情報としてのエロをほぼ自由に享受できる環境に生きている。それは決して小さな勝利ではなかろう。「勝利」とはいっても、警察権力が単に積極的に手出しをしないというだけのものだから、それに甘んじることの是非はある。だが、かつての「お座敷ストリップ」や「ブルーフィルムの秘密上映会」的なものを、海外サーバーからのネット配信というものに置き換えることによって、猥褻規制を「テクノロジー的に」無力化してしまったことは、やはり評価しなければならないものといえよう。

しかし、その副作用のようなものも、同時に考えるべき時期に来てもいる。こうした「テクノロジーが可能にするエロス」が生身のエロスを駆逐しつつある傾向が見てとれることだ。エロや猥褻が観念の産物であるのなら、それはむしろ生身とは無関係な存在なのかもしれないが、筆者はどこかで、それが観念と身体との相互関係的なものであることを信じたいからだ。

猥褻規制がなくならない大きな要因は、規制一般に共通する、官僚の縄張り意識である。いかに理屈に合わなかろうと、官僚たちが自ら規制権限を手放すわけがない。日本で児童ポルノ規制が導入されたきっかけというのが、「児童の商業的性的搾取に反対する世界会議」(一九九六年)に出席した議員が、この種の取り組みに日本が遅れていることに衝撃を受けたことだとされているが、そのあたりの認識もズレているというか、ひどくバランスが悪い。いわゆる先進国は、児童ポルノには厳しいが、成人のポルノは解禁しているのである。そっちは緩めないで、さらに児童ポルノ規制に突き進めば、規制当局は大歓迎ではないか。児童ポルノを導入する際、バーターで成人ポルノの解禁を持ちかけるべきだったのだろう。だが、猥褻規制の解禁をしても票にはつながらないので、誰もそういうことはしなかった。おかげで、規制当局としては、従来の猥褻規制に加えて、児童ポルノ規制という新たな「利権」を手に入れることができたわけだ。ネット配信におけるエロ映像に関してささやかな「勝利」を得たと書いたが、児童ポルノ規制との事実上のバーターのようなものかもしれない。

その意味では、票にならない猥褻規制の解禁は、今後とも日本で起きる蓋然性は薄かろう。ただ、そうした中にも、九〇年代以降のヘアの解禁やネット配信に代表される「事実上のエロの解禁現象」は継続しよう。かつての大島渚、東郷健や浅井隆（Ⅸ章註2参照）、また「ろくでなし子」のような、「猥褻規制へのガチの挑戦者」が折に触れて出現し、正面から猥褻規制に異を唱えるとき、裁判所はチャタレイ判決以来のお題目を相も変わらず唱えつつ、それでもそれは、徐々にトーンを下げざるを得ないだろう。猥褻は社会通念に規定されるものであり、またそれは「エロの遍在」、すなわち性表現への「馴れ」や「受容」、捜査機関の「放置」を織り込んだ判断とならざるを得ないからだ。

ボディブローは大分効いてきている。走れ、エロス！　ゴールはもう少しかもしれない。

あとがき

エピローグを献じた上に「あとがき」を書くのも屋上屋を架すの風情があるが、本書の成り立ちなどに若干触れたうえで、幕としたい。本書の旧版は一九九四年に筑摩書房から出版された。プロローグ（初出時の題は「ヘアの〈法〉と〈経済〉」）とⅡ章をなす「まだ死ねずにいる猥褻裁判のために」が同社から出されていた季刊『ルプレザンタシオン』に掲載されたことが一つのきっかけだった。因みに若年の読者への補足として言えば、「まだ死ねずにいる～」は、伝説の編集者ヤスケンこと安原顯の『まだ死ねずにいる文学のために』（一九八六年、筑摩書房）のイタダキである。

大多数の書籍の例にもれず、本書も刊行はされたが特に誰のお褒めも誹りも受けぬままに埋没し、爾来二十余年が経過した。その間、筆者はといえば、本業の弁護士稼業をせっせとこなしつつ、渋谷に名画座を開くなど、文筆業とは無縁の生活を送ってきた。その筆者が館主をつとめるシネマヴェーラ渋谷の一〇周年の集まりの折に、森話社の編集者・五十嵐健司氏から声をかけられて、本書の新版を出さないかと切り出されたのが、二〇一五年の暮れころと記憶する。旧版に手を入れて、新たな三章を書き下ろすのに、二年近い歳月を要したことになる。出版不況と長年言われながら、新しい本ではなく、古い本に声をかけていただいたことは、書籍としての本書にとっての望外の幸福である。辛抱づよく、本書の完成を待っていただいた五十嵐氏に、感謝の意を捧げたい。またⅧ章を書き下ろすにあたり、元なみおか映画祭の実行委員の三上雅通弁護士と、同志社大学経済学部の河島伸子教授に助言を仰いだ。記して、感謝の意を表したい。

二〇一七年一一月

内藤　篤

本書は、一九九四年に筑摩書房から刊行された書籍『走れ、エロス！』を増補改訂したものである。

[著者]

内藤 篤（ないとう・あつし）

1958年東京生まれ。弁護士、ニューヨーク州弁護士。

2006年より名画座「シネマヴェーラ渋谷」館主。

著書に『ハリウッド・パワーゲーム――アメリカ映画産業の「法と経済」』（1991年、TBSブリタニカ）、『エンタテインメント・ロイヤーの時代――弁護士が語る映像・音楽ビジネス』（1994年、日経BP出版センター）、『走れ、エロス！』（1994年、筑摩書房）、『エンタテインメント契約法［第3版］』（2012年、商事法務）、『円山町瀬戸際日記』（2015年、羽鳥書店）。

共著に『パブリシティ権概説［第3版］』（2014年、木鐸社）、『映画・ゲームビジネスの著作権［第2版］』（2015年、CRIC）、『論集 蓮實重彦』（工藤庸子編、2016年、羽鳥書店）。

翻訳書にハロルド・L・ヴォーゲル『エンターテインメント・ビジネス――その構造と経済』（1993年、リットーミュージック）など。

ワイセツ論の政治学――走れ、エロス！［増補改訂版］

発行日……………………2017年12月22日・初版第1刷発行

著者……………………内藤 篤

発行者……………………大石良則

発行所……………………株式会社森話社

〒101-0064 東京都千代田区猿楽町1-2-3

Tel 03-3292-2636

Fax 03-3292-2638

振替 00130-2-149068

印刷……………………株式会社厚徳社

製本……………………榎本製本株式会社

ISBN 978-4-86405-123-1 C0036

映像の境域——アートフィルム／ワールドシネマ

金子遊　【第 39 回サントリー学芸賞受賞［芸術・文学］】
映像表現の可能性を拡張したアヴァンギャルド映画や、様々な問題を含みこむ現代映画をその背景からとらえ直し、イメージの生成を探る、渾身の映像論集。四六判 280 頁／本体 2900 円＋税

アメリカン・アヴァンガルド・ムーヴィ

西村智弘・金子遊編　世界中からアメリカに集結した才能は、ジャンルの境界を越えて映像表現のさらなる深化と拡張をもたらした。戦前から現代に至るアメリカ映画／美術のオルタナティヴな系譜を探る。
四六判 368 頁／本体 3500 円＋税

クリス・マルケル　遊動と闘争のシネアスト

港千尋監修／金子遊・東志保編　映画、文学、写真、ＣＧ、インターネット、アクティヴィズム。空間とメディアを横断し創作を通して闘い続けた稀代の表現者の謎に包まれた世界を多角的に考察する、本邦初のマルケル論集。四六判 320 頁／本体 3500 円＋税

松本俊夫著作集成Ⅰ——一九五三－一九六五

阪本裕文編　日本実験映画界の重鎮であり、理論面でも前衛芸術運動を牽引した松本俊夫の著作活動を年代順に網羅した集成（全四巻）。
Ⅰ巻では『記録映画』『映画批評』等の雑誌に掲載された著作に加え、単行本未収録の論文・記事を多数収録。A5 判 616 頁／本体 6000 円＋税

エジソンと映画の時代

チャールズ・マッサー著／岩本憲児＝編・監訳　仁井田千絵・藤田純一＝訳　19 世紀末、エジソンの発明した覗き見式キネトスコープなどを機に始まった「映画の時代」。エジソンとその映画事業に関与した人々の活動を中心に、開発、製作、表現、興行などの多様な視点から、アメリカ初期映画成立の歴史を描く。A5 判 296 頁／本体 3500 円＋税